MPR出版物链码使用说明

本书中凡文字下方带有链码图标"━━"的地方,均可通过"泛媒关联"的"扫一扫"功能,扫描链码获得对应的多媒体内容。

您可以通过扫描下方的二维码下载"泛媒关联"APP

印象语文的思与行

欧阳琪 编著

YINXIANG YUWEN DE SI YU XING

中山大学出版社
·广州·

版权所有　翻印必究

图书在版编目（CIP）数据

印象语文的思与行/欧阳琪编著. —广州：中山大学出版社，2020.10
ISBN 978-7-306-06892-7

Ⅰ.①印… Ⅱ.①欧… Ⅲ.①语文课—教学研究—中小学 Ⅳ.①G633.302

中国版本图书馆 CIP 数据核字（2020）第 112180 号

出 版 人：	王天琪
策划编辑：	张　蕊
责任编辑：	张　蕊
封面设计：	曾　斌
责任校对：	林梅清
责任技编：	何雅涛
出版发行：	中山大学出版社
电　　话：	编辑部 020-84111997，84113349，84110779
	发行部 020-84111998，84111981，84111160
地　　址：	广州市新港西路 135 号
邮　　编：	510275　　传　真：020-84036565
网　　址：	http://www.zsup.com.cn　E-mail：zdcbs@mail.sysu.edu.cn
印 刷 者：	广州一龙印刷有限公司
规　　格：	787mm×1092mm　1/16　12.75 印张　250 千字
版次印次：	2020 年 10 月第 1 版　2020 年 10 月第 1 次印刷
定　　价：	38.00 元

如发现本书因印装质量影响阅读，请与出版社发行部联系调换

前　　言

《印象语文》正式出版已两年有余，有幸得到多位专家、同行的指点。恰逢工作变动，期间一些伙伴加入了行动研究的团队，我们将继续与大家且行且思！我们除了继续基于"印象"视域理解研究语文课程的校本实施、教师实施范式，更在多位新朋友关于印象语文的诸多问题中找到新的研究切入点。

2018年下半年，我们组建了广州市名师工作室，与工作室的伙伴们一起围绕"印象语文"的教师实践方式展开基于工作室成员自然起点的行动探索。伙伴当中有初登讲台的新教师，有初识"印象语文"的资深教师，也有"印象语文"一直以来的推动者。令人欣喜的是，无论何种起点，大家都在各自的研究与交流中丰富着"印象语文"的内涵。我们从"印象语文"的课型研究到课堂导思、导读策略，从印象阅读到印象表达，从打通课内外到课堂连接的形态，伙伴们基于自身教学展开各个角度的思考与探索。我们也在一个个课例的研究与尝试中不断触碰"印象语文"原来的边界，不断拓宽、刷新着"印象语文"的课程框架表达。

两年来，来自邯郸、成都、南宁、郑州、佛山、顺德、韶关、清远、汕头等地的同行们到校交流，对"印象语文"的课堂呈现极有兴趣。阅读《印象语文》之后，除了深入探讨核心概念与操作策略之外，他们还多次前来跟岗学习。交流过程中，多位学员希望可以在观摩中学习更多的关于"印象语文"不同年段、不同课型的课例，希望我们可以提供更多可供借鉴的课程案例给他们学习。与工作室伙伴们商讨后，我们确定着手准备各种研究的资料，初步整理了《印象语文的思与行》的材料。

尤其值得一提的是，本书中部分课堂案例配套有课堂视频，读者可通过"泛媒关联"的"扫一扫"功能观看该节课的课堂录像，以便于更好地理解与借鉴。

若说两年前《印象语文》出版之时还略有犹豫，担心自己的一家之言过于大胆、过于唐突，那么，今天出版《印象语文的思与行》时，我们则是自信而淡定的，因为在一次次实践回顾中，我们不断坚定着对语文课程的理解，在无数小小的成功当中，我们完成了自我突破。我们深知，"印象语文"的研究仍有诸多盲区，仍需不断论证、不断优化，但我们有一群志同道合的伙伴，有睿智专家的引领，有朋友们的支持。我们坚信："印象语文"的实践探索之路不会孤单，未来的自我突破与发展也一定会有更多的美好！

目 录

第一部分 印象语文文论

语文教学三要素：素养·倾听·印象 ······················· 3
以"印象"发展为思路的阅读学习策略 ······················· 8
对话与表达：基于学习共同体的语文课堂实践研究 ············· 16
文本即对话：基于印象的对话建构 ··························· 22
"印象习作"的实践与思考 ·································· 28
以任务驱动建构初印象促进课堂交流的实践研究 ··············· 34
在印象课堂中提升学生高级思维能力 ························· 38
通过课堂语言系统的建构与运用提升学生语文素养 ············· 43
印象语文"读写结合"课堂反思 ······························ 48

第二部分 印象语文创意

印象课堂：《七律·长征》 ·································· 55
　　让"印象语文"在课堂中逐一呈现 ······················· 55
　　《七律·长征》教学设计及反思 ·························· 56
　　附：《七律·长征》教学视频 ···························· 60
印象课堂：《触摸春天》 ···································· 61
　　印象语文的学习场：师生交往·积极互动·共同成长 ········ 61
　　《触摸春天》教学设计及反思 ···························· 66
　　附：《触摸春天》教学视频 ······························ 69
印象课堂：《花诗花境》 ···································· 70
　　从一节课看"连接"的形态与力量 ························ 70
　　《花诗花境》教学设计及反思 ···························· 76
　　附：《花诗花境》教学视频 ······························ 78
印象课堂：《那次玩得真高兴》 ······························ 79
　　五环节印象表达，让学生经历习作全过程 ················· 79
　　《那次玩得真高兴》教学设计及反思 ······················ 83

附：《那次玩得真高兴》教学实录	85
印象课堂：《鱼游到了纸上》	88
印象语文的朗读积累与课堂联想	88
《鱼游到了纸上》第二课时教学设计及反思	92
附：《鱼游到了纸上》教学视频	95
印象课堂：《带刺的朋友》	96
印象语文的学习路径：基于《带刺的朋友》一课的分析	96
《带刺的朋友》教学设计及反思	100
附：《带刺的朋友》第二课时教学实录	103
印象课堂：《牛和鹅》	108
打通课内外的语文课堂建构	108
《牛和鹅》教学设计及反思	111
附：《牛和鹅》教学视频	115
印象课堂：《乌鸦喝水》	116
印象语文的"目标"与"习得"观	116
《乌鸦喝水》教学设计及反思	120
附：《乌鸦喝水》教学实录	126
印象课堂：《枫桥夜泊》	133
印象语文怎样把课堂还给学生	133
《枫桥夜泊》教学设计及反思	137
附：《枫桥夜泊》教学实录	140
印象课堂：《草船借箭》	145
让人物印象在对话中生成	145
《草船借箭》教学设计及反思	146
附：《草船借箭》教学实录	157

第三部分　印象语文心语

教师专业成长的三个关键词：读书·尝试·反思	181
印象·导思	183
众里寻他千百度　缘起印象万里路	187
印象：源于文本细读与拓展阅读相结合	192
问出精彩：欧阳琪校长教学印象	194

| 后记 | 196 |

第一部分 印象语文文论

两年前,我出版了《印象语文》一书。作为"印象语文"的首创者,我极为珍视这一年的成果。近年来,在"印象语文"的引领下,我通过学校与广州市名师工作室等平台带领相关教师积极探索"印象语文"的课堂生态与导思策略。语文教学要素、阅读与习作、对话与表达、思维与素养等等,我们无不围绕"印象"这一核心概念加以解读、延展、重构,从而也加深了我们对"印象语文"具体实践样式与导思模式的建构与理解。

　　本部分收录的是我与"印象语文"实践者在印象语文课堂教学生态与实践策略方面的相关论述。

语文教学三要素：素养·倾听·印象

"印象语文"倡导者欧阳琪简论：

  "印象语文"认为，一个人的成长可以理解为以听、说、读、写、演的方式与周遭相遇，与万物相亲，语文课程，便是从课程的角度观察和引领学生发展。由此，语文是一门引领学生学习与运用语言文字的课程，是一门专注语文素养提升的课程。之所以提出素养、倾听、印象作为三要素，是因为"印象语文"专注素养，强调倾听，总以印象。

  关于素养，我个人更倾向于修习涵养的理解。《汉书·李寻传》云："马不伏历，不可以趋道；士不素养，不可以重国。"从教育的角度看，素养是从社会对人才的需求与标准出发，引导人修习涵养的过程。而对于教师而言，素养的具体指标是必须了然的。

  关于倾听，于教师而言，我认为它是尤其重要的，至少比表达更受重视。倒不是因为孰轻孰重，而是因为它常常被忽略！有意义的教育应该从倾听开始。

  关于印象，在《印象语文》一书的第四章，我强调了印象语文主张的三维观。从宏观上看，我们以印象为视域，来认识语文；从中观上看，我们以印象为视角，指导教师教学语文；从微观上看，以印象为视点，设计教学与学习语文方案。

  我的《语文教学三要素：素养·倾听·印象》一文，围绕素养、倾听、印象这"印象语文"教学理论的三要素，以"印象"的动态建构贯穿语文课堂的始终。

在学生阅读素养培养中，不同年段、不同类型的文本应有各自不同的侧重点；每个学生的课堂分享除了基于自身与文本的充分对话，也要基于对同伴分享的倾听与思考，这样才能使分享式阅读课堂交流更有深度与效度。

一、围绕学科核心素养，明确学段能力重点，归纳阅读教学通览

在学校层面实施课程改革的过程中，我们都曾反复纠结诸如"学生学什么？""老师教什么？""学到什么程度？""教到什么程度？"这样的问题。老

师们在个人备课和集体教研中,也常常困惑:所有教材涉及的知识点是否应该都在课堂中落实?在大语文观背景下,我们形成了"语文学习必须推进大阅读"的共识。然而,若不能对现行教材中的诸多知识点进行有效取舍,我们就存在着时间、空间等不可解决的矛盾,这同时也是很多学校多年的语文阅读推进中客观存在的瓶颈问题。

研究中,我们以"阅读教学"和"语文核心素养"为关键词,在知网可以搜索到相关论文80042篇。其中,2012年以来的就有43004篇,可见近年来在有关小学阅读教学的研究中,大家对语文核心素养的关注度颇高。通过文献学习和数据分析,我们发现对语文核心素养的界定,比较集中于"语文核心素养包括知识能力和综合素养两个部分"[①],"语文核心素养包括语言建构与运用、思维发展与提升、审美鉴赏与创造、文化传承与理解四个方面"[②] 等观点。

我们以此理解为基础,围绕"语言、思维、审美、文化"四个关键词,对《义务教育语文课程标准(2011年版)》中关于语文阅读部分的课程目标细化为各年段、各单元的过程性目标。我们尝试以备课组合作制定教学通览,把课标中需落实的训练点分解至每个学段、每个单元、每一课中,再通过由课标到教材,再由教材到课标的双向统筹调整,确定了我们的阅读教学通览。在具体操作中,我们的教学通览包括三部分内容,即:单元导读、单元目标、单元巧学。其中,"单元导读"从整体把握,"单元目标"重在把总目标分解到各篇课文,"单元巧学"重点落实每一课览学、究学、拓学的问题和要点。在编写过程中,我们遵循了简练、清晰的原则,以问题链的方式展开设计,引导学生多向分享评价。

我们通过几年的实践发现,以此通览为基础备课、上课,以三环节展开教学,能有效达成教师的教研活动目标,同时减少了以往多教学环节的束缚,从而给学生以更多的思维交流空间。

二、以倾听为前提,建立学习共同体

我们在实践研究中,最初是在教师团队的建设中提出,希望能构建"学习共同体"以提升教师队伍的综合实力。当进入到"主体课堂"的研究与实践中,我们发现:在课堂上建设"师生学习共同体"意义非凡,它有可能成

---

① 赵莹莹:《从"语文素养"看"语文核心素养"的内涵及特征》,载《牡丹江大学学报》,2016年第11期,第173-176页。

② 赵福楼:《核心素养:现代语文重建的起点与归宿》,载《天津师范大学学报》(基础教育版),2016年第4期,第26-30页。

为我们优化课堂学习诸多要素的有效路径，能给课堂学习动机、师生关系、交流的深度与效度，以及我们常说的课堂生态带来极大改善。具体操作中，我们主要从教师对学生的倾听和学生对学生的倾听两个层面去研究与尝试。教师层面，包括书面浏览与课堂倾听；学生层面，则重在研究学习过程的评价机制建设与分享交流的基本规范，包括小组交流与全班交流。通过实验，我们主要获得以下感悟与思考。

教师评价语由"虚"到"实"。以往课堂上都是诸如"你真聪明""好棒""你真会学习"之类的教师评价语，放之四海皆准，用于哪一个学生都可以。而这些激励评价的语言，对于长期稳定的学生激励与指导作用不大。对于彼此熟悉的师生而言，诸如"我注意到你在分享中关注了骆驼一系列的动作描写，真会阅读！""老师发现你在表达自己感受的时候还联想到王维的另一首诗，好厉害！"这样有明确的学习方法指向的评价，更能给作为被评价主体的发言学生和聆听的学生群体带来清晰的指引，同时也会给学生带来真实的、受到鼓励的愉悦。更重要的是，这一改变必须以教师对学生的专注倾听为前提，也更具体地诠释了教师在课堂上对学生的尊重与指导。

学生的作业、作品应为课堂学习的重要资源。"以学定教、顺学而导"是指基于学生学习基础的教学设计，我们在课程实施的研究中建议老师们备课时除了以教学通览为依托，还要重视学生的预习作业完成情况（包括学生初读报告），老师最好能在课前大致浏览学生预习作业，把这一环节作为书面倾听，并对课堂教学设计的起点做出相应调整。老师在课堂上尽可能多地鼓励学生把自己的学习作品作为师生、生生分享交流的资源，以此促进学生更为积极地参与初读与分享，重视自己与文本对话的过程。

建立简单有效的小组学习评价机制。小组评价主要关注课堂上的小组内部交流和全班交流中小组汇报与参与讨论情况。在小组内部交流中，我们提供了两种方式：一种是组长主持法，即由组长提出讨论问题并引导讨论交流，由组长指定成员分别担任记录和总结的角色；另一种是轮流发言法，即由组内成员按一定顺序轮流发言、表达观点，由指定学号成员进行总结。此外，小组也可以采用全组同学认可的方式展开学习，但小组内需对小组成员参与学习交流情况进行评分。

全班交流中，由一个小组进行汇报并引起全班讨论。首先，小组内要合理确定汇报的分工；其次，小组汇报中由同学引起全班讨论与交流，并引出下一位同学的发言；最后，小组汇报交流完毕应安排一位同学对讨论情况进行总结，全班同学应对小组予以感谢。对于小组的汇报情况，在研究起始阶段也可采取课后评分的方式设置评价，随着研究的深入，此项评价可相机取消。

规范课堂分享交流的基本要求。此项规范是为了营造更为自由宽松的交流氛围，打消学生参与课堂讨论时的心理顾虑。我们主要在"礼貌与宽容""不懂可以求助""及时感谢"等方面作了具体的指导。

三、以"印象"的动态建构贯穿语文课堂的始终

华中师范大学郭元祥教授在"深度知识学习"的观点中提出：深度知识学习过程不是一个线性的知识训练过程，而是一个复杂的生成过程，知识的学习需要经过还原与下沉、经验与探究、反思与上浮的过程。

基于对这个观点的认同，我们也认为：在课堂分享与对话的过程中，效度的关键在于学生是否能够主动建构和不断补充自己的阅读印象。于是，我们尝试在研究中以阅读"印象"为主线，引导学生主动与文本、同学、老师展开多维对话，在多次交流中清晰、丰富和沉淀自己的阅读成果。

1. 初读印象——重在直觉与独特

我们通过引导学生依据提纲完成课前自学，形成对文本的初读印象，强调整体和直觉的感受，强调学生的个性与兴趣点。课堂交流时尊重学生的理解与感悟，引导不同观点，重视交流多样性。例如：

> 人教版小学语文第九册《草船借箭》的初读印象交流中，学生交流包括以下内容：
> 生1：读了《草船借箭》一文，我认为诸葛亮非常有智慧。
> 生2：我很喜欢这篇文章，我认为其中的细节描写很精彩，前后有铺垫、有回应。
> 生3：我同意××同学的观点，此外，我还觉得《草船借箭》中对周瑜的讽刺很生动。
> 生4：我想说说作者罗贯中，他是元末明初著名小说家、戏曲家，是中国章回小说的鼻祖。
> 生5：我查了资料，草船借箭是在火烧赤壁之前，故事发生的地点是在长江。
> 生6：在《草船借箭》中还有一个人物——鲁肃，他可是个不可小觑的人物。
> …………

我们尊重和欣赏学生在这个过程中丰富多样的直觉与关注点。在我们看来，产生直觉、提起兴趣、乐于分享，正是我们此项研究的价值所在。

2. 探究交流——重在围绕一个问题的分享与互动

研究中，我们发现这一环节操作是以核心问题设计和课堂对话管理为重点。核心问题设计关键在于既要有足够的开放度，又要基于教材与学生实际。

前者解决的是学生"想说"的问题，即参与对话学习的兴趣；后者决定的是学生"能说"的程度，帮助学生感受"努力一下就可以成功"的喜悦。

3. 总结重构——重在整理与概括

在研究的起始阶段，我们为了能使印象过程更为具化，曾尝试指导学生描画"印象图"，让阅读印象的动态建构过程变得可视、可比较、可测量。实验证明，这一尝试积极地促进了学生的倾听与针对性讨论。这一环节我们通常放在学生对同一感悟点交流完毕之后或是在一篇课文交流结束后。

我们发现，通过一段时间的学习交流后，大部分学生会把文中的诸多人物、场景、事件等联系起来，试着概括出一个整体的、复杂的印象。如一学生学了人教版小学语文第九册教材《珍珠鸟》后，概括出这样一个整体的、复杂的印象："我对珍珠鸟的印象是，胆小和机灵。因为文中开头就提到'这是一种怕人的鸟'，当作者用吊兰蒙盖住鸟笼的时候，'它们就像躲进深幽的丛林一样安全'，叫声也格外轻松自在。然后，第10自然段开始写道，'渐渐它胆子大了'，开始和作者亲近起来，不是一下子就放开的，而是'一点点挨近''蹦到我的杯子上''偏过脸瞧瞧我的反应'。从这些可以看出，珍珠鸟在一步步试探作者，又胆小，又机灵。"

（广州市天河区天府路小学　欧阳琪）

以"印象"发展为思路的阅读学习策略

"印象语文"倡导者欧阳琪简论:

　　教育学者温儒敏在《应当把阅读放在首位》一文中强调:"关于阅读教学的问题,我认为最重要的是阅读教学理念的更新。应当强调在阅读教学中尊重孩子的天性,激发学生的好奇心、求知欲,培养想象力。阅读除了获取信息、认识世界,还有一个重要功能,就是发展思维,获得审美体验。阅读应当是学生的个性化行为,要珍视和鼓励学生独特的感受、体验和理解。"

　　我认为,孩子们思维的发展和审美体验的获得,根本上在于印象的形成、建构与发展。个性化的印象,包含了个性化的感受、个性化的体验、个性化的理解,外化成行为,就是个性化的语言。印象,实质上是语言的源代码、语言的造血干细胞。因此,我们应该牢牢把握住这个切入点,以"印象"发展为思路去积极探索阅读学习策略。

　　我与张睿合作的《以"印象"发展为思路的阅读学习策略》一文正是要表达与凸显这个主旨。

　　"印象"是个古老的哲学概念和心理学概念,从亚里士多德到休谟再到皮亚杰,诸多人文学者都在不同意义上使用过这个词。我们在最为宽泛的意义上使用"印象"这个词,即刺激物给人的认知系统留下的印记。在阅读教学研究中,"刺激物"则专指可供学生阅读的一切文本。

　　关于印象和语言的关系,我们用一句话来概括:语言激活印象,印象催生语言。解读文本,实际上就是从语言到印象再到语言的过程。语言既是起点,又是终点——不是简单的循环往复,而是螺旋式的上升。在阅读学习中,作为起点的语言,来自作者,是被解读的对象;而作为终点的语言,来自学生,是解读的成果。

　　在印象不断催生语言、语言又反过来激活印象的过程中,实际上,印象也不是简单地停留在某一状态,而是在不断地发展并衍变着。学生的阅读素养提升正是在这一过程中以动态建构的方式实现。基于这一研究角度,我们确定了以"印象"发展为思路的阅读学习策略。

策略一：从单一局部印象到复杂整体印象

学生在阅读的初状态中，留意的往往是课文中的一个人物、一个场景、一个事件，或者是其中最显眼的一个侧面。由此产生的印象，也是比较单一的，或者仅限于局部。比如：

对于人教版小学语文第九册教材《珍珠鸟》的印象："我觉得珍珠鸟很可爱。文中说'它好肥，整个身子好像一个蓬松的球儿'。"

对于人教版小学语文第九册教材《狼牙山五壮士》的印象："我觉得五壮士很勇敢。因为他们为了掩护大部队和群众，走上了通往顶峰的绝路。"

对于人教版小学语文第九册教材《地震中的父与子》的印象："我认为父亲很伟大。因为他连续挖了38个小时，终于救出了儿子和14个同学。"

对于人教版小学语文第九册教材《钓鱼的启示》的印象："我觉得父亲很严厉。因为尽管作者哭出了声，还用乞求的目光来看着父亲，可父亲还是用不容争辩的声音拒绝了作者，作者只好依依不舍地把大鲈鱼放回了湖里。"

因此，我们采取了以下的阅读策略。

1. 分享与对话

在阅读教学研究中，我们首先通过小组合作的方式，引导学生在初谈"印象"的过程中，通过分享、交流、探讨的方式实现个体阅读印象的丰富与补充。其次，以小组学习成果的方式展开汇报与进一步对话，而学生的阅读印象也因对话的深入展开而持续补充。再次，加上教师的点拨与激励，学生的阅读印象将实现由局部到整体的转变。

2. 阅读印象的动态建构

在课堂分享与对话的过程中，效度的关键在于学生是否能够主动建构和不断补充自己的阅读印象。在研究的起始阶段，我们为了使印象过程更具化，曾尝试指导学生描画"印象图"，让阅读印象的动态建构过程变得可视、可比较、可测量。实验证明，这一尝试积极地促进了学生的倾听意识与针对性讨论。

我们发现，通过一段时间的学习交流后，大部分学生会把文中的诸多人物、场景、事件等联系起来，试着概括出一个整体的、复杂的印象。例如：

对于人教版小学语文第九册教材《珍珠鸟》的印象："我对珍珠鸟的印象是，胆小和机灵。因为文中开头就提到'这是一种怕人的鸟'，当作者用吊兰蒙盖住鸟笼的时候，'它们就像躲进深幽的丛林一样安全'，叫声也格外轻松自在。然后，第10自然段开始写道，'渐渐它胆子大了'，开始和作者亲近起来，不是一下子就放开的，而是'一点点挨近''蹦到我的杯子上''偏过脸瞧瞧我的反应'。从这些可以看出，珍珠鸟在一步步试探作者，又胆小，又机灵。"

对于人教版小学语文第九册教材《狼牙山五壮士》的印象："我觉得五壮士既勇敢又聪明。从他们牺牲自己、保全部队可以看出他们的勇敢，从他们把敌人引上绝路、保存火力到关键时刻才用可以看出他们的聪明。"

对于人教版小学语文第九册教材《地震中的父与子》的印象："我觉得父亲和儿子都很伟大。因为父亲'心中只有一个念头：儿子在等着我'！为了这个念头，他连续挖了38个小时，终于救出了儿子，而儿子坚信爸爸不论发生什么总会跟他在一起，还告诉同学们不要害怕，最终等到了爸爸的到来。"

对于人教版小学语文第九册教材《钓鱼的启示》的印象："我觉得，父亲的内心也是有过挣扎的。比如，他也曾得意地和作者一起欣赏着这条漂亮的大鲈鱼，再比如，他在让作者把鱼放回湖里之前，盯着鲈鱼看了好一会儿。从这些地方可以看出，其实父亲也非常舍不得放弃自己的猎物。尽管如此，他还是不能违背自己的原则，这又可以看出他的坚定。"

策略二：从特殊个体印象到一般群体印象

学生起初注意的，往往是课文所描绘的人物、情节、情境等。然而，在我们"一篇带多篇"阅读理念的引导下，学生会展开丰富的课内外联想，将特殊个体印象扩展开来。例如：

对于人教版小学语文第九册教材《梅花魂》的印象："外祖父说，'几千年来，我们中华民族出了许多有气节的人物'。由此，我联想到了司马迁，他在受尽折辱后仍然坚持完成了鸿篇巨制《史记》；我还想到了文天祥，他宁死也不投降，创作了《正气歌》和《过零丁洋》。"

对于人教版小学语文第九册教材《落花生》的印象："我由文中的父亲，联想到了《背影》中的父亲。这两位父亲的话都不多，但都很有分量，而且都是为了自己的孩子好。"

对于人教版小学语文第九册教材《狼牙山五壮士》的印象："我从五壮士想到了我们学过的王二小和小英雄雨来。无论是大人还是小孩，他们都是我们的英雄。"

对于人教版小学语文第九册教材《七律·长征》的印象:"我从这首诗想到了我在课外读过的伟人故事,有毛泽东、周恩来、朱德、贺龙……除此以外,还有很多小英雄的故事。他们在长征中不怕困难,英勇顽强,终于取得了胜利。"

有的时候,在学生脑海中连接特殊个体印象和一般群体印象的纽带,是文中语言传递给学生的那份强烈的情感。例如:

对于人教版小学语文第十一册教材《最后一头战象》的印象:"'它站在江滩的卵石上,久久凝望着清波荡漾的江面。然后,它踩着哗哗流淌的江水,走到一块龟形礁石上亲了又亲,许久,又昂起头来,向着天边那轮火红的朝阳,欧——欧——发出震耳欲聋的吼叫。这时,它身体膨胀起来,四条腿皮肤紧绷绷地发亮,一双眼睛炯炯有神,吼声激越悲壮,惊得江里的鱼儿扑喇喇跳出水面。'我从这一段中,感受到了嘎羧弥留之际对往昔战场旧日战友的怀念与不舍,由此联想到了龚自珍《己亥杂诗》中的两句——'落红不是无情物,化作春泥更护花',还联想到了王勃《送杜少府之任蜀州》中的两句——'海内存知己,天涯若比邻'。虽然嘎羧是象,诗人是人,但情感可以打破人与动物的界限,更可以穿越时空,直达我们心里。"

为了达到这一效果,我们采用了以下的学习策略。
1. 主题阅读
每个单元都有一个主题,围绕这个主题,我们会让学生进行拓展阅读。试看两份我们设计的主题阅读系列材料清单。

父母之爱系列阅读材料:

之一——《母爱》(冰心)
之二——《第一千个球》([巴西] 贝利)
之三——《母亲》(肖复兴)
之四——《背影》(朱自清)
之五——《母亲的记忆》(孙犁)
之六——《半截钱里的父爱》(黄邦寨)
之七——《小巷深处》(林莉)
之八——《酒》(贾平凹)
之九——《我的母亲》(老舍)
之十——《台阶》(李森祥)

爱国主义系列阅读材料：

之一——《就英法联军远征中国给巴特勒上尉的信》（[法]雨果）
之二——《孤胆英雄（节选）》（萨苏）
之三——《圆明园十二生肖兽首档案》
之四——《炉中煤》（郭沫若）
之五——《可爱的中国》（方志敏）
之六——《我爱这土地》（艾青）
之七——《满江红》（岳飞）
之八——《永遇乐·京口北固亭怀古》（辛弃疾）

我们不仅向学生推荐阅读材料，还对阅读质量进行及时的反馈与评价。填写表格是我们最常使用的方式。

印象阅读小研究	
基本信息	书名：_____ 阅读时间：_____
印象人物事	这本书主要讲了什么？ _____ 给你印象最深的人/物/事有哪些？ _____
印象语言	请你摘抄书中给你印象深刻的语言，并相应地用自己的语言给出评价。 _____
印象总结	请你用自己的语言，总结一下整本书带给你的印象。 _____

（续表）

印象阅读小研究	
我的研究有名字	

这样的小研究有助于我们的学生对阅读材料进行梳理、概括和对比，进而形成一般群体印象。

2. 专题讨论会

创造性的语言交际活动，对印象的丰富与扩展来说是必不可少的。因此，对于一些重点课文，我们会设置一些开放性的问题，用专题讨论会的形式为学生增加口语交际的机会。例如：

《落花生》专题讨论会

讨论会题目：父亲说花生是有用的，要做像花生一样的人。那桃子、石榴、苹果是有用的吗？我们要做像它们一样的人吗？

学生精彩发言集锦：

生1：我认为，桃子、石榴、苹果，它们也是有用的。它们既可以像花生一样做成各种食品，又会开出美丽的花，令人赏心悦目。

生2：我不太爱吃桃子，但是非常喜欢桃花。古往今来，无数诗人都歌颂过它，《诗经》里的《桃夭》就是我最喜欢的一首。我觉得，从这点上来说，它也是有用的。

生3：我觉得，这个世界上既有花生一样的工作，也有桃子、石榴、苹果一样的工作。有的工作只要求内在，比如科学家；有的工作还要求外表，比如演员。做这些工作的人都是有用的，只是不同而已。

生4：我的爸爸就像花生，低调，不张扬；而我的妈妈，就像苹果，漂亮，有气质。他们对我的家来说，都是有用的。

生5：如果只有花生，没有桃子、苹果这些水果，那我们怎样补充维生素呢？

生6：我曾经读过一篇文章叫作《酒香也怕巷子深》，意思就是说，你不光要有用，还要让别人知道才行，这样才能发挥你的用处。

生7：桃子、石榴、苹果为什么要这样漂亮呢？我在课外书中读到过，它们就是为了吸引别人吃掉它们，然后把核扔到地上生根发芽，好繁育出自己的后代。所以，它们的漂亮也是有用处的。

生8：我在网上查了，花生又叫长生果，意思就是长生长有、长命富贵，所以人家结婚时会送。苹果呢，大家都知道叫平安果，平安夜的时候就会送。所以，花生和苹果都有用。

生9：我想总结一下大家的发言。是否有用要在具体的情境里才看得出来。

生10：我想补充某某同学的观点。我们今天的讨论，不也是在展示自己吗？我们用的是语言，苹果、桃子用的是颜色和气味，其实本质上是一样的。所以，我要做苹果和桃子一样的人，勇敢自信地展示自己，炫出精彩。

在这种讨论的气氛下，学生为了支撑自己的观点，会展开丰富的联想，在实际生活和课外阅读中寻找论据。无形中，他们头脑中的印象阅读也在朝着一般化、群体化的方向发展。

策略三：从浅度直观印象到深度概括印象

在学习过程的进展中，学生的注意点会从课内外阅读中的具体人物、场景、事件等，逐渐上升到人文精神层面。这时候，他们脑海中的印象也在慢慢地摆脱直观，走向概括，其实就是在经历认知机制当中"图式化"的过程。所以，这时候我们要抓的是总结习惯的培养。我们采取如下方法。

1. 一句话总结

我们着力培养孩子阅读总结的习惯。对于重要的课文，在该堂课的最后，我们会请学生用一句话来谈谈对本课核心主题词的理解。例如：

《窃读记》《走遍天下书为侣》——学了本课，我对"读书"这两个字有了新的理解。

《古诗词三首》——学了本课，我对"思念""家乡"这两个词有了新的理解。

《落花生》——学了本课，我对"有用"这两个字有了新的理解。

《钓鱼的启示》——学了本课，我对"诚信"这两个字有了新的理解。

《珍珠鸟》——学了本课，我对"信赖"这两个字有了新的理解。

《地震中的父与子》《"精彩极了"和"糟糕透了"》——学了本课，我对"爱"这个字有了新的理解。

《梅花魂》《圆明园的毁灭》——学了本课，我对"爱国"这两个字有了新的理解。

《狼牙山五壮士》——学了本课，我对"勇敢"这两个字有了新的理解。

《七律·长征》——学了本课，我对"伟大"这两个字有了新的理解。

《开国大典》——学了本课，我对"热爱"这两个字有了新的理解。

限定了篇幅，限定了主题，学生会尽可能地用自己最精练的语言，试图做出最全面的概括。

2. 集句成诗

对于获得师生一致认可的精辟总结，我们会请做出总结的这些学生当场写在事先准备好的纸板上，然后当场将纸板排列、粘贴在事先准备好的展览板上，这样就构成了一首"总结诗"。例如：

掌　声

掌声是一阵风，能把自卑吹走。
掌声是一面旗帜，能指引人们前进的方向。
掌声是一缕冬天的阳光，能化解人们心中的冰雪。
掌声是一汪泉水，能浇灌人的心灵。
掌声是一种能量，能给别人以信心。
——文句选自人教版小学语文第五册教材《掌声》，这次的活动主题

爱　国

百年国耻心有恨，
英勇抗争史留名。
身为华人讲华语，
中国统一赤子情。
——文句选自人教版小学语文第九册教材第七组，每句概括一篇课文的主题

为了鼓励学生，我们还会将展览板送到其他班级进行展示，定期评比、奖励并邀请学校家长委员会的成员来参观。

（广州市天河区天府路小学　欧阳琪　张睿）

对话与表达：基于学习共同体的
语文课堂实践研究

"印象语文"倡导者欧阳琪简论：

  表达，倾听，构成了课堂对话的经纬，奠定了课堂生成的基础。印象语文的课堂上，面对同一个开放的探究问题，教师既是学生表达的引领者，又是倾听学生的同路人。师与生，生与生，在一次次平等的分享中，在一次次有序的合作中，形成了自主交流的学习共同体。所以，语文课堂应基于学习共同体，构建多维度的对话，让学生通过自主、交流、探索的学习方式，加强语言的表达能力，进而实现语文核心素养的提升。
  广州市天河区天府路小学教师白杨的《对话与表达：基于学习共同体的语文课堂实践研究》一文，就彰显了"印象语文"所倡导的学习共同体内涵。

《义务教育语文课程标准（2011年版）》第三部分"实施建议"提出："学生是语文学习的主体，教师是学习活动的组织者和引导者。语文教学应在师生平等对话的过程中进行。"语文课堂上的对话是学习语文的主要途径，其包括教师与学生的对话，学生与学生的对话，学生与文本的对话，学生与自我的对话。然而，传统的语文课堂上，教师讲得多，学生讲得少；再者，班级的学生较多，教师与学生个体之间的交流频率较低，从而造成语文课堂上的对话不充分，学生的语言表达力、语文素养不能通过课堂得以提升的窘境。

一、学习共同体的内涵解析

  "学习共同体"一词最早来自社会学中的共同体概念，社会建构理论认为学习发生在社会文化情景中，具有社会性和实践性的特点。日本的佐藤学是"学习共同体"学校变革理论的倡导者，"要实施以'学'为中心的教学，应当以在教室里构筑一种新型的关系为出发点，即让每个儿童持有自己的课题，互相探究，相互交流，相互启发，我将之称为'活动的、合作的、反思的学习'，即是让那种与物或教材对话，与学生与教师对话，与自我与自身对话的学习成为教学的中心。具体地说，就是组织和指导有任务的学习，有小组活动的学习，有学生将自己理解的东西用作品表现出来与同伴共享，相互欣赏的活动的学习。也可以说，就是从个体出发，经过与同伴的合作，又再返回到个体的学习。"①

构建学习共同体是实现共同体学习的前提条件。我所在的班级，一共40个学生，一节课仅靠老师与个别学生之间的对话，对话频率非常低。但如果将这40个学生按照语文学习力均分为10个小组，那么学生与学生之间的对话便可以有效开展，课堂对话即走向多元、高频率。小组成员的合作与交流、对话与表达，是整个知识意义建构的实质所在，同伴之间存在着认知的对话、碰撞、冲突、协商、平衡、认同，整个过程体现出课堂对话是基于学习共同体学习的前提。

二、基于学习共同体构建语文课堂多元对话的平台

《义务教育语文课程标准（2011年版）》第三部分实施建议提出："阅读是运用语言文字获取信息、认识世界、发展思维、获得审美体验的重要途径。阅读教学是学生、教师、教科书编者、文本之间对话的过程。"在传统的语文课堂，语文的学习大多停留于老师满堂灌，学生被动听，学生与教师的对话频率很低，且多是单向度。但基于学习共同体的语文课堂可以促成多元对话，学生在交流中实现知识理解、批判、整合、平衡、建构和迁移运用。这里以一位共同体内的学生为例，给予说明。

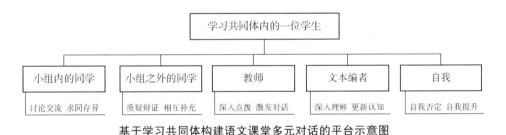

基于学习共同体构建语文课堂多元对话的平台示意图

班级被分为小组，每个小组便是一个学习共同体，其中的同学首先可以与小组内的成员交流，同伴之间的异质性是讨论交流的焦点，也是达成新知的契机。"同一文本，不同的人通过阅读所建构的文本化印象，各不相同。同一文本，同一个人不同时间点通过阅读所建构的文本化印象，各不相同。"② 每位同学先基于各自的认知原点和各自对文本的理解在小组内对话交流，求同存

---

① ［日］佐藤学：《静悄悄的革命——课堂改变，学校就会改变》，李季湄译，教育科学出版社2014年版，第32—33页。

② 欧阳琪：《印象语文》，江苏人民出版社2018年版，第86页。

异；全班交流的时候，代表小组发言的同学会基于小组讨论的结果与其他小组的同学交流对话，这种组与组之间的交流对话既可以互相补充，也可以提出质疑以求辩证。作为课堂学习的引导者，老师的作用即是相机点拨，促成对话，让交流的内容经过思辨往纵深处走下去。与文本和编者的对话贯穿在所有的对话中，学生是在与同伴、全班的交流碰撞中实现对文本的深层次的理解与对话。学生与自我的对话体现在与他者对话的过程，自我的怀疑、否定、再认知与提升。

三、基于课堂的多元对话提升学生语言表达的能力

语文课程是一门学习语言文字运用的综合性、实践性课程。学习语文的目的在于提升语言表达的能力，会自如地运用语言，即会说能写。因而，在我们的语文课堂，提升学生的语言表达能力应该是语文教学的重中之重。

基于学习共同体的语文课堂以多元对话为载体，旨在提升学生的语言表达能力，具体表现为以下三点：其一，自主、交流、探究的小组学习激发学生表达的意愿，敢于表达；其二，课堂上的多元对话为学生的语言表达提供了锻炼的机会；其三，在对话中，教师相机点拨，提供表达的支架，提升学生语言表达的准确性。我以欧阳琪校长2018年部级优课《触摸春天》的一个片段为例进行阐释。

  师：我们来做春天的朗读者！（音乐响起）
  "春天来了，小区的绿地上花繁叶茂。桃花开了，月季花开了。浓郁的花香吸引着安静。这个小女孩，整天在花香中流连。"（老师以身为范，引领学生朗读）
  从这句话中，我读到了万紫千红，万物复苏，花繁叶茂中流连在花香中的那个叫安静的小女孩出现在我的眼前，你想读哪一句？读出了什么？自己准备一下。（教师提供表达的范式，降低表达难度，鼓励学生借用语言支架来大胆表达）
  老师在小组内读自己喜欢的句子，并朗读。教师巡堂，了解学生要分享的句子。
  师：谁先来？我把话筒交给你，接下来这个小主持人由你来担任。（教师将课堂的主导权交给学生，构建以朗读为载体的生生对话，对话由师生转为生生）
  生1：朗读课文中的某一句，我读出了安静这时的心理感受是多么美好！（按照老师提供的范式来回答问题）
  师：接下来，由你来传话筒。（老师点头赞赏，不急于点评，只是鼓

励学生传话筒）

生2：朗读课文中的某一句，从这一句我感受到拢住蝴蝶这个经历是她之前没有过的，是第一次。（按照老师提供的表达支架来回答问题）

师：继续。（老师的语言极其简洁）

生3：朗读课文中的某一句，我读出了一个热爱春天、热爱生命的安静。（表达完毕后，相机将话筒递给后面的同学）

后面还有三位同学也按照老师提供的范式表达自己对文本中某一个句子的理解。在这个环节，老师刻意地从前台退到幕后，让课堂从师生之间的对话自然切换为生生之间的对话——认真倾听别人的发言，朗读与前面同学不一样的句子，表达个人的理解和内心的感受。

师：同学们，我们刚才用自己的朗读，表达着对触摸春天的理解，对安静的这次特殊经历的感同身受。接下来，我们要进行小组学习《我的阅读体验》，请大家关注学习要求（PPT上内容为：①理解，可以抓住关键词谈；联想，可以是一句话、一首诗、一个故事、一个人物；②小组汇报要有主持人，可以引导大家的讨论与补充），看明白就可以开始！

在此环节，学生开始在小组内分享自己的阅读体验——读句子、抓关键词，谈感受。老师走到学生中，了解学生要分享的段落，指导学生在小组成员如何分工、如何整合同伴的意见来分享。

师：我刚才到各个小组看了一下，每个小组都做了充分的准备，非常期待，我先把话筒交给你们小组。（教师的语言充满鼓励，激发学生站起来表达，在全班交流分享）

老师走到一小组前，将话筒交给小组内的一位同学。

生1：我选择的句子是第三自然段的第四句（学生先读这个句子），请大家画关键词"引导"和"极其准确"，我从这两个词理解到了安静虽然是一个盲童，但是她热爱生命，能用好的身体部位去感受春天。我联想到了《光明的心曲》，里面也有一个盲姑娘，用唱歌的方式去战胜黑暗。

回答完毕后，同伴给予了掌声，这种互相倾听、大胆表达的课堂氛围才能让对话得以延展、深入。教师相机提醒学生将话筒传出去，引导学生说"谁与我交流"。

生2：我有一点要补充，我要补充"慢慢的"这个关键词。因为她刚才说了她是一个关爱生命的小女孩，如果她不关爱花的生命，那她就不会慢慢的。

师：没有掌声吗？太好了，是你的提醒让我们留意到仅仅三个字却让我们感受安静对生命的关注、关爱。还有要补充的吗？（教师此处的赞赏是颇有用意的：首先这位同学认真倾听了前面的同学的发言，做到不重复，并在其基础上给予补充，回答时能做到有理有据）

生3:"慢慢的"也有可能是安静想知道花上是否停留有花蝴蝶，或者是她的手是否伸的很准确。(这位同学不完全赞同生2的发言，表达了自己的见解)

生4:如果她不准确的话，她走路怎么可能会那么流畅呢？(这位同学对生3的发言提出质疑，难能可贵)

师:所以，你支持谁的观点呢？(老师在课堂上的作用在于引导，引导学生在交流的过程中产生冲突，这样学生才会去思辨、争论)

于是，生2再次站起来质疑生3表达上的漏洞，进一步补充自己的观点。

从以上的教学片段不难看出，基于学习共同体的语文课堂倡导自主、交流、探究的学习方式，鼓励学生表达，为学生提供多元对话的机会。学生可以在小组内与同伴交流，可以在全班与其他组成员交流，可以是赞同、补充，也可以是质疑、辩论，重要的是学生在倾听、在交流、在思考。这样的语文课堂才能提高学生的语言表达能力，进而提升学生的语文素养。

四、通过提高语言表达能力提升学生的语文素养

小学阶段的语文素养还在商榷，《普通高中语文课程标准（2017年版）》已把语文核心素养凝练、整合为四个方面，即：语言建构与运用、思维发展与提升、审美鉴赏与创造、文化传承与理解，这四个方面的具体内容是互相关联的。通过一定的简化与重构，高中语文课程标准也可以适当用到小学语文素养的探讨之中。在我看来，如果我们能在语文课堂上基于学习共同体搭建多元对话，加强学生的语言表达能力，那么，小学阶段学生的语文学科素养自然会得以提升。

语言建构与应用是语文课程独有的，旨在提升学生正确、熟练、有效地运用祖国语言文字的能力。学生语言的建构与应用一定要建立在学生大量阅读、大量表达的基础之上，要使学生在大量语言积累和实践的过程中，加深对语文的理解与热爱，建构语言运用机制，增进语文学养。

语言是思维的外壳。思维的发展与提升可以借助课堂上的多元对话得以实现，学生之间的异质性为思维的碰撞与提升提供了先天的条件，"我的观点与你不一样！""你的观点不完整，我想补充。""关于这个问题，我还联想到……"在语文课堂上的对话中，学生要倾听其他同学的发言，要进行分析与综合，比较与分类，发现与自己观点共同的、本质的特征，发现有待完善或与自己观点相悖的地方，并在其基础上进行抽象和概括，并通过语言表达出来。学生思维的严密性、深刻性和批判性是需要通过课堂上的多元对话得以提

升的。

  学生的审美鉴赏与创造是学生对美的追求的体现，需要培养自觉的审美意识和高尚的审美情趣。在我看来，没有文学的涵养、历史的思辨、哲学的深邃，谈何审美，谈何创造，这都需要学生通过博览群书、大量表达、融会贯通得以实现。

  文以载道，文化传承与理解是语言学习所要抵达的文化彼岸。理解和尊重文化多样性、关注多元的文化现象，这对于小学生来说，更多地表现为能以更宽容、更多元、更客观的视角来解读在他学习过程中听到的"不一样的声音"。在共同体的学习中，在多维对话的过程中，学生面对自己不认同的观点时，要学会辩证地思考、客观地分析，学会理解与包容，做到"我不同意你说的话，但我誓死捍卫你说话的权力"。

五、结语

  语文新课标积极倡导自主、合作、探究的学习方式，强调"语文课程必须根据学生身心发展和语文学习的特点，爱护学生的好奇心、求知欲，鼓励自主阅读、自由表达，充分激发他们的问题意识和进取精神，关注个体差异和不同的学习需求，积极倡导自主、合作、探究的学习方式"。在我看来，基于学习共同体的语文课堂是以多元对话为载体，以提升学生表达能力为指向，追求自主、合作、探究的学习，最终指向提升学生的语文核心素养，这正是新课标所倡导的学习方式。在这样的课堂，学生才是语文学习的主体，教师则是学习活动的组织者和引导者。

（广州市天河区天府路小学　白杨）

文本即对话：基于印象的对话建构

"印象语文"倡导者欧阳琪简论：

　　阅读是什么？印象语文认为，阅读是人主动建构文本化印象的活动。作者通过语言内容和语言形式来建构出所要表达的文本化印象，而读者仍然通过语言内容和语言形式来建构出所能读懂的文本化印象。不同读者，不同时间，建构出了不同的文本化印象，它们之间若产生交集甚至碰撞，那便是对话。

　　广州市天河区天府路小学教师张睿的《文本即对话：基于印象的对话建构》一文，围绕"文本即对话"这一核心建构，从理论阐释与实践理解入手，结合案例剖析，很好地展现了印象语文关于"文本即对话"的观察视角——文本即对话，印象其内，建构其外，对话其中。

文本，原为诠释学术语，后被作为核心概念广泛用于文学理论、语言学、信息学等诸多领域。在语文教学中，从狭义上讲，文本一般指要阅读的文章。从广义上讲，可以说，文本可以指阅读行为所指向的对象。本文旨在通过理论阐释并结合我自身的一个具体课例，谈谈我在小学语文教学对"文本即对话"这一主张的理解与实践。

一、"文本即对话"的理论阐释与实践理解

1. 文本，不是以文为本，而是以人为本

慕君（2006）认为，"从'文本'的形态上来说，我们可以从静态和动态的角度进行区分，静态的文本指的是已经定型化了的文本；动态的文本指的是处于变化、生成之中的文本，如课堂教学中无论是教师的表达还是学生的表达，抑或整个课堂的交流系统我们都可以将之称为'文本'，因为这样的'文本'表达着一定的意义，同时也是'向解释开放的'。"[1]

慕君的分析一语中的：文本的实质不是文字，而是表达，它是"由具体的言语构成的"，围绕特定主题的表达。

---

[1] 慕君：《阅读教学对话研究》，华东师范大学（博士学位论文），2006年。

2. 对话，起于言语，终于语言

从言语到语言的过程或行为，就是对话，实质上，对话包含了文本。

对话在语文教学中的位置举足轻重。王尚文（2004）认为，"语文生活关涉着人类的语言和精神，在我们看来，它以'自然人—语言人—精神人'的三步演化为教育预期目标，放在课堂教学机制中，是经由教师—文本—学生间的主体'场'效应，以互为对话的方式来完成的"①。

3. 文本与对话，统一于印象

不管是文本，还是对话，都有其内在心理机制，这便是印象理论。欧阳琪（2018）做了详尽的阐述②。

首先，"文本中蕴含着作者与周遭相遇的印象，是文本化了的印象，是客观事物及其相应的思想情感、知识能量、生活见识的集合体"。

其次，阅读文本的过程是一个"对文本'写了什么'和'如何写什么'的整体认知过程"，是"文本的信息不断地被认知于头脑而形成文本化印象的过程"，是"聚焦于文本的内核（个性化的文本主题）进而展开焦点性阅读（基于文本主题进行阅读）的过程"。

相应地，"读者阅读文本所建构的印象，则是从一种新生的文本化印象，基于自身与周遭的经历，由作者蕴含于文本中的印象出发，重新建构出的具有读者特性的客观事物及其相应的思想情感、知识能量、生活见识，进而在后续的类别化阅读中延伸出不断更新的印象。"

那么，"这些不同时间点形成的文本化印象，是依托语言文字，以语言内容与语言形式组合而成的事物与情感及知识与见识的集合体"，可以用"阅读域印象"（可分为作者式阅读域印象和读者式阅读域印象）来指代并定义。

二、"文本即对话"的案例剖析

"文本即对话"，我在具体的教学工作中实践着这一主张。本部分将结合自身案例来进行分析。

这次课的主题是"诗词中的'花'"。课前及课中，我甚至没有派发纸质文本。教学环节也仅仅是"飞花令—诗句分享—收获总结"而已。然而，学生现场生成的对话，引起了我的重视与思考。现摘取课上部分对话如下：

············

生3：我要为大家分享的诗句是"梅花似雪，雪似梅花"。这句诗将

---

① 王尚文、傅惠钧、陈青松：《浙派语文教育论丛》，浙江大学出版社2018年版。
② 欧阳琪：《印象语文》，江苏人民出版社2018年版。

雪和梅花放到一起来写，突出了梅花即使在寒冷的冬天也能不屈不挠地度过，就像中国当时被日本入侵一样，即使日本有发达的科技，中国还是顽强地反抗了日本。下面有请生4分享她的诗句。

生4：我要给大家分享的诗句是毛泽东的《卜算子·咏梅》，会背的同学跟我一起背（众跟背，诗略）。诗中的"风雨"和"飞雪"可以体现出天气非常地恶劣，而在这样恶劣的天气中，梅花就是傲然绽放的，可以体现出梅花的不畏严寒。谁要与我们交流？

生7：我要为你（生4）补充一下陆游的《卜算子·咏梅》，会背的同学跟我一起背（众跟背，诗略）。这里的梅花是无人爱惜、零落在风雨中的梅花，而生4所说的梅花则是在风雨中傲然绽放的梅花。

生4：谢谢你的补充。

生8：我要为生7补充。"驿外断桥边，寂寞开无主"，体现的是梅花孤苦伶仃无人关注的景象，但正是这艰苦和恶劣的环境，凸显了梅花的坚定。后面"已是黄昏独自愁，更著风和雨"，我在想，作者为什么不用"白日"，而用"黄昏"呢？我突然想起，古人曾经说过，"最难消遣是黄昏"。作者借黄昏阴阳交替的时刻，更写出了梅花的独立与坚贞不屈。它不像其他花一样，只在春天绽放魅力。接着，作者在后面一句，"无意苦争春，一任群芳妒"，借梅花喻己，从而突出了自己宁愿落魄一生也不愿在官场中逢迎奸臣为五斗米折腰的精神。

（掌声）

生4：谢谢生8的补充！

生9：我还想要补充生8的发言，刚刚他提出了一个问题，为什么作者要写"黄昏"而不是"白日"呢？我觉得还有一个原因，就是古人对"圆月"和"落日"很感性，会想起故乡，涌起悲愁。比如说，苏轼的"明月几时有"，就是借明月抒发对故乡的思念。我想，陆游当时的感觉也是差不多的，因此，他一定要借黄昏时的梅花抒发自己。

生4：从以上发言中，我要总结一下我和生3的发言：我爱梅花，爱梅花的傲雪斗霜；我爱梅花，爱梅花的坚毅不屈；我爱梅花，是因为它有品格、有骨气、有灵魂。

（掌声）

…………

生10：大家好，我们小组由我第一个来发言。我要分享的诗句，请大家和我一起背，"宝剑锋从磨砺出，梅花香自苦寒来"。这花是梅花，在冬天独自开放的梅花，不经过磨砺是不会有芬芳的香气的。我们在生活中也会经历许多的磨砺，人生不可能一帆风顺，其中可能会遇到困难。任何事情都不会一帆风顺，但努力是不会欺骗人的。我们读到这句话时，眼前仿佛会出现白雪皑皑的景象，美丽的梅花却在其中开放，那样的美丽，那样的芬芳！下面有请生11发言。

生11：（投影自己所带来的教材，人教版五上《梅花魂》）请大家跟我一起读画线的句子，第13自然段。"这梅花，是我们中国最有名的花。旁的花，大抵是春暖才开花。她却不一样，愈是寒冷，愈是风欺雪压，花开得愈精神，愈秀气。"

这句话可以看出梅花与其他花的与众不同，从刚刚生8的发言，我联想到了，别的花都只有在春暖花开的时候秀出自己的魅力，而梅花在寒冷的冬天盛开，展示了它的独特，它是多么地与众不同！我与生10的发言完毕，谁与我们交流？

师：就是要这样，课内课外连成一片，从课外再回看课内，又有不同收获，然后再联系课外，反复这个过程。

（鼓掌）

生16：我也觉得，正是如此，梅花才会被古人列为岁寒三友中的一位。

生8：我来补充，岁寒三友是梅、兰、竹，而花中四君子是梅、兰、竹、菊。这些花都有着顽强的生命力，是中国精神的象征。

生17：我想纠正一下生8，岁寒三友是松、竹、梅。花中四君子是正确的，梅、兰、竹、菊。

生11：感谢大家的发言，时间有限，我们课下继续交流。下面有请生12及生13发言。

生12：接下来，我给大家出一个题目：松、竹、梅被称为岁寒三友，我准备了两首和它们有关的诗。你能猜出哪两首吗？请背出来。

…………

以上是第二环节中的学生对话，以小组汇报和自由交流的形式进行。学生甚至自备了之前学习过的文本，目的是用于主题对话。

关注对话，我们不难发现，学生手上虽然没有纸质文本，但通过口头分享和集体背诵的形式，一次次重现诗词的原文本。然后，学生开始对原文本进行解读，解读的内容涵盖了原文本自身、原文本作者及其创作背景、原文本创作手法及其效果、同类文本以及自己的生活实际。现场生成的对话，完全可以作为原文本的有机补充。而在此过程中，学生的思维维度不仅指向了记忆，还指向了思考、理解、感悟、鉴赏、批判、评价等。

在第三环节中，学生的发言同样精彩且引人深思。摘录如下：

…………

生19：现在，我还想说一说，我发现的另一种花。这个花是比较奇特的，它出自杜牧的《泊秦淮》，"商女不知亡国恨，隔江犹唱后庭花"（众跟背）。这个花是"后庭花"。诗句的大意是卖唱的女子不懂什么叫亡国之恨，隔着江都能听到她唱《后庭花》的声音。《玉树后庭花》本是乐府民歌当中的一个曲子，后来被陈叔宝也就是陈后主改了词。当时陈朝的处境非常危险，在改了之后，很快陈王朝就灭亡了。后来，杜牧也在他的诗中引用了这个典故，也是暗指歌女们唱着亡国之音的败象。

师：生19的历史知识非常丰富，试着说一说，经过了这一堂课，你有怎样的收获？

生19：我明白了，花有三种：一种是可供观赏的草本植物；一种是内心可以看见的、可以感受到的、用于表达感情的；还有一种是用花来暗指人或某种东西。

师：所以，至少我们知道，一种是自然界的花，一种是文学中的花，是吧。文学中的花，我们称之为"意象"（板书此二字）。这好像是一个干巴巴的概念，但当同学的理解将它充实、将它丰富的时候，这个概念本身变得不重要了，而大家的理解，才是最重要的（擦掉刚刚的板书）。很好，继续交流。

生20：我来补充生19。诗中的花，既写出了花的美，又写出了作者的感情。在不同的花、不同的诗中，都能找出作者与花不同的情感，或者景象。

生21：我也收获到了，不同的花，都能代表不同的精神。像梅花，不是开在温室中而是开在严寒里，代表了顽强的精神。菊花也是，它在秋风中孤独地开放，代表了一种高傲的精神。

师：对的，你（生21）这堂课也用实际行动证明了，你不再是温室中的花朵。

生22：这堂课我知道了，每种花都有自己的精神品质。

生23：原来花不只有美丽的外表，还有美丽的内心。

师：我们把最后一个机会，让给生24（从不发言的学困生），好吗？（众点头默许）

生24：（结结巴巴）我觉得每一朵花都有自己的世界，每个人可能从一首诗里读出很多很多的意义，因为每个人理解的角度是不一样的。

师：每个人，都有着自己眼中的世界。每个人，对这个世界，都既要理解它，又要贡献自己的理解。还有很多同学有话说，没关系，下午还有一堂课，我们继续交流！

可以看出，经过第二环节的对话，学生同样可以深化对原文本的理解。在这堂课中，与其说对话是文本的补充，毋宁说文本是对话的补充。

三、"文本即对话"的印象观察

我们从印象的角度重新观察案例,不难发现:学生在不停地将自己的文本化印象言语化,然后展开对话,对话启发了同伴的联想,联想又激活了新的文本化印象,如此往复。印象的建构、言语的建构以及语言的建构,都发生在这一往复的过程中。文本,其实就是印象的外在表达,同时也是激活下一轮印象建构的刺激物,本质上就是对话。我们用"基于印象的'文本即对话'建构图"来表示整个建构过程,并用一句话做总结:文本即对话,印象其内,建构其外,对话其中。

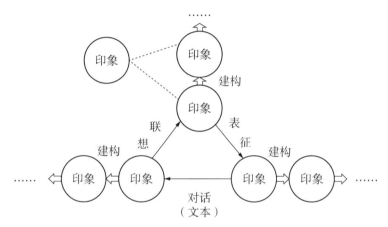

基于印象的"文本即对话"建构图

(广州市天河区天府路小学　张睿)

"印象习作"的实践与思考

"印象语文"倡导者欧阳琪简论：

有心理学家指出，信息在长时记忆中会以单纯表象、单纯言语或表象与言语同在的形式储存，而以表象和言语两种形式来编码的信息是最易于学习的。然而，记忆感觉、画面陈述、文字描述，不同载体间的记忆，学生往往不能主动转换。印象习作正是以此为切入口，引导学生经历信息重新编码和信息载体转换的全过程，不但拓宽了我们对印象语文实践研究的范畴，也给我们提供了从印象语文课程观的角度构思习作教学框架的新思路。

广州市天河区天府路小学教师吕瑾的《"印象习作"的实践与思考》一文，以我所倡导的"印象语文"理念为指导，深入探讨了"印象习作"的课堂结构与实施过程。

欧阳琪校长首创的"印象语文"理念，给小学语文阅读教学提供了一个非常高能的、以学生为主体的、可供借鉴的优质教学形态与构架。观"印象语文"的课堂，给人一种感觉，这种课堂是师生、生生感受流动的学习场。"不是通过思维去学文字，而是通过感受去学文字，这是远胜于用思维去学文字的办法，也是现在逐渐流行的蒙特梭利幼儿教育法、华德福幼儿教育法等教育方法的关键所在。"① 正是因为重视学生的课堂感受，用"印象"建构动态课堂，使课堂学习更高效且活力四射。

"印象语文"充分尊重课堂上学生对文本的"感受"，让情绪过程参与进来，这样的学习建构，比思维过程更加重要，且能塑造学生的思维。如果加以身体体验，将身体参与进来，就真正让学生的感受与体验牵引着思维流动起来，丰富表达的源头活水。从这个角度，在习作教学中也可以通过身体带动情绪，让学生的思维流动起来，表达之泉涌动。为此，我开始"印象习作"的设计与实施。统编本三年级上册第八单元习作的主题是："那次玩得真高兴"。要求学生回顾：平时喜欢玩什么？哪次玩得特别开心、印象特别深刻？然后将它写下来。

---

① 武志红：《武志红的心理学课》，见"得到"APP在线课程，2017年11月14日。

一、"印象习作"的初探索

(一) 用身体参与过程建构习作的"初印象"

1. 身体体验初印象

我与体育老师合作,上了一节游戏课。这节游戏课让学生再次玩学过的两种游戏——"真假地雷""渔夫捕鱼"。在游戏开始前,我向全班提议,今天的游戏课有些特别,自己感受一下,你玩得最开心的是什么时候?你也去观察一下别人玩得最开心的是什么时候。布置完任务,我就让体育老师组织他们分组玩了起来。学生立即兴奋地进入游戏情境,调动身心参与体验。他们欢声阵阵,脸上洋溢着纯真、幸福的笑容。此时丰富、快乐的身体语言诉说着游戏的幸福。活动中,我及时拍了短视频与照片。

2. 选材碰撞初印象

下一节课我就带学生们集中到教室,回看游戏照片、短视频,学生们又兴奋起来,讨论开了。

> 师:上节课你们玩游戏玩得开心吗?你喜欢哪个游戏?
> 生:我喜欢"渔夫捕鱼",前一次体育课我们玩的也是"渔夫捕鱼"。
> 生:我喜欢"真假地雷",他们都抓不到我。
> ……
> 师:看来你们都玩得很尽兴。我们课本中提议"把你玩的过程像放电影一样在脑海里回想一遍",跟他玩同一个游戏的同学集中到一起,大家分享一下你们的"大片"吧。

依此,玩同一游戏的同学以倾听为前提,建设真正意义上的"学习共同体"[①],开展同一话题的交流。大家互相倾听、互相碰撞游戏中的感受,表达欲望被激发出来了。

(二) 以彼此交流过程建构习作的"中印象"

1. 印象的动态建构促进学生的表达

经过一番同组讨论,学生们开始汇报"玩"中的印象。

> 师:在游戏中,哪些地方让你印象特别深刻?

---

① 欧阳琪:《印象语文》,江苏人民出版社2018年版,第4-91页。

生：我躲起来了，他们都没抓到我。

生：我们小组玩"渔夫捕鱼"，吴同学一直在喊"我是一条八爪鱼"，所以，我们就专门去抓他了。

2. 印象的描述借力促进生成丰富的表达

我发现学生已经开始留意到游戏中人物的语言，马上引导进一步深入表达自己的印象。

师：你留意到他的语言，你真是个小小录音师！你留意到他的身体在做什么动作？你们又是怎样去抓的呢？

生：他特意张牙舞爪地挥动手臂，模仿八爪鱼。我拉着张同学和郑同学的手，也张开手臂去追他，他见到情况不妙，就逃了。

师：哎呀，你用特写镜头捕捉了这一切，真是精彩呀！还有哪些录音师、摄影师捕捉了新镜头，来汇报一下吧！

生：我们捕鱼很不顺利。我们是三个人手拉手做"渔网"的，结果我们都想着去捉旁边的"鱼"，三个人一扑，我们的渔网就破了。

师：你当时是怎么想的呢？

生：我想大家得齐心协力才能捕捉到鱼。我们就一起规定好去捕谁，这样我们一起行动就抓到鱼了。

师：你懂得记录想法，所以有了非常棒的游戏印象。你们交流到这里，发现我们可以怎样去描述我们玩的过程呢？

学生根据板书小结：可以写写大家说的话，描写动作，写写当时的想法。

（三）以评议交流过程建构习作的"后印象"

"统编本"教材在习作设计中特别注重学生之间的分享交流，在分享交流中进行自主修改。我在初步批阅了学生的初稿后，将草稿本发给四人小组，由小组长组织交流。大家各自读出自己的习作，就组员的习作进行提问与评价。之后各自回看自己的习作，进行自我修改。

师：你们在小组交流中，得到哪些同学的指点，有哪些收获？

生：我的习作没有把"找地雷"的动作写出来。

师：那你现在加了什么呢？

生：我加上了"我左看右看，看到一颗停下来的'雷'，我撒开腿就冲上去"。

师：这个"撒开腿"改得好。

在评价交流阶段，我还通过拍图转文字的方式，把同学们的好文章快速打印，张贴出来。这样展示交流，形成了本单元习作的"终印象"。我还把好的文章发到班级QQ群，让家长也了解孩子们写作的情况，互相借鉴。

二、"印象习作"的再探索

"印象习作"的教学形式初步建立起来后，在期末习作复习中，我再次采用此形式，让学生巩固状物文章的写法，写写"我眼中的一种水果"。

1. 结合生活谈"印象"

这节课我先让学生们复习第五单元习作《我眼中的缤纷世界》，写一种事物或者一处场景。

  师：大家在第五单元习作中，学习"习作例文"写了不少动物、植物。可爱的小狗、憨厚的乌龟、奇特的多肉植物等等都给老师留下了鲜明的印象。我们的复习册中要求练习写一种水果。说说你印象最深的水果是什么？
  生：是杧果。
  师：细说说。
  生：我印象最深的是杧果，我很喜欢吃杧果。
  生：我喜欢吃榴梿，但我爸爸不喜欢，我就和妈妈趁爸爸不在家时吃。

2. 感官体验"初印象"

听到学生们谈到这里，我感觉他们对水果的印象只停留在味觉上，于是我请他们再次回顾单元习作的观察方法。

  师：看来水果一族打动你们的只是味觉，那给大家喝这些水果的果汁就可以了，没有必要去品尝它们了。
  生：不对呀，水果也很好看，我们"植物与艺术"小组用水果做拼盘，就很好看。
  师：对呀，你开始用眼睛去感知水果的果肉了。大家说说，可以用哪些身体感官参与体验？这样写出来的文章才能给人留下更缤纷的印象。
  生：可以用眼睛看、耳朵听、鼻子闻、手摸摸、口尝尝。

3. 表格归纳"中印象"

让学生根据"印象观察记录表"完成一份印象习作任务单。

师：观察时，不仅可以看，可以听，还可以用手摸去感触，用鼻子闻，当然还可以尝一尝。请采用以上方法，今天回去观察一种水果，把观察所得记录下来。

印象观察记录表

时间		地点		对象	
外形					
颜色					
味道					

4. 彼此交流"中印象"

学生们回去完成了印象习作任务单，接着我让观察得特别仔细的同学分享交流自己的感受，他们的印象特别丰富。

生：西瓜穿着一件绿衣服，上面有着黑色的条纹，它的表皮是绿的，切开就会看见红色的瓜肉，轻轻咬一口，就会流出香甜的瓜汁。

生：菠萝全身披着金光闪闪的外衣，全身长满了会扎人的尖刺，头上有着像绿喷泉一样的大花帽，整个看起来威风凛凛，精神抖擞。

师：你们觉得他们的观察给人留下怎样的印象？

生：他们描写中用了比喻句，我一听就感受到这种水果的形态了，很美呀。

师：是啊，感官参与，倾注感情，动人的句子自然就冒出来了，这样的习作会给人留下鲜明的印象。

5. 作后交流"后印象"

在评讲习作交流时，大家围绕"用了哪些感官""哪里充分表达了喜爱之情"等问题把水果的印象描绘得跃然纸上。就这样把情绪、感受融入互动评价，学生们在评价中感悟，提升了思维与表达，这是一个特别的"品果会"。由情绪—感官—情感—思考刻画，完成了"我眼中的水果"之印象习作。

三、对"印象习作"的思考

1. "印象习作"依据新课程标准为导引

新修订的课程标准指出中年段习作要引导学生"观察周围世界，能不拘形式地写下自己的见闻、感受和想象，注意把自己觉得新奇有趣或印象最深、最受感动的内容写清楚"①。基于这一指导思想,"印象习作"引导学生用身体、感官去捕捉事物形象,这样更能抓住眼中新奇有趣的印象,印象抓住了,抓实在了,就能一步步写清楚,甚至写出彩。

2. "印象习作"与"情境式作文教学法"之比较

"情境式作文教学法"是对李吉林老师"情境教学法"的借鉴与创新,是教师根据训练内容或者写作对象描绘情境,通过语言的描绘和丰富的想象构思,描绘出形象的生活画面或生活镜头。一般情况下,教师要准备生动有趣的投影图画片,在课堂上辅之生动的文学语言,或者借助音乐的艺术感染力,再现动人的生活情境,以便让学生走入故事中,如闻其声、如见其人,找到身临其境的感觉。

"印象习作"创设情境更强调实地性、采访性,或营造即时情境,或以"学习任务单"形式,让学生习作前全方位投入感官、注入情感。通过身体过程带动情绪过程,让学生的思维流动起来,让表达之泉涓涓流淌。

3. "印象习作"的课堂主体是学生

"印象习作"运用欧阳琪校长的"印象语文"之学生主体的观点,在课堂上促成学生间互为激发,完善写作形象。

基于"印象语文"理论体系,"印象习作"把"印象语文"阅读课的策略进行移植延伸,重视分享与对话,形成表达域印象的动态建构,从事物的"初印象",一步步升华提炼出"中印象",在互动交流、互为评价中形成鲜明的"后印象"。整个课堂强调大面积的分享、对话,让学生们真实的体验有一个丰富的内在碰撞、升华的过程。发乎情,动于身,激于思,凝以文,优化学习进程,提升习作效能。

(广州市天河区天府路小学　吕瑾)

---

① 中华人民共和国教育部:《义务教育语文课程标准(2011年版)》,北京师范大学出版社。

以任务驱动建构初印象促进课堂
交流的实践研究

"印象语文"倡导者欧阳琪简论：

  "印象语文"一直努力建构富有温度、活力、张力的情智课堂。学生的表达、对话与生成，表现在课上，功夫在课外。作为引领者的教师，一方面，需要在课前小研究的设计中，既明确学生的思考方向，又拓宽学生的思考维度，从而为学生打通课内外提供支架和桥梁；另一方面，需要在课堂中建构师生共同成长的学习场，鼓励学生分享自己的知识、经验与思考，从而促进学生在交流中实现多向度成长。

  广州市天河区天府路小学教师胡慧敏的《以任务驱动建构初印象促进课堂交流的实践研究》一文，以课前学习单为例子，让学生在任务驱动下主动建构阅读域印象，带着想法进入课堂沟通，促进课堂交流。

  课堂沟通是课堂教学的关键环节，是师生之间、生生之间就文本展开探讨交流的过程。钟启泉教授明确提出，"课堂沟通"是在课堂教学中师生之间和学生之间的互动之中展开观念的交换和意义的形成，是师生交互解释、各自认知的一种相互解释的过程。这并不是教师单方面传授知识的传统教学模式，绝非老师在台上讲，学生在台下记。教师抑或儿童都是拥有社会认知的存在，"课堂沟通"并不是在儿童"白纸"上书写知识和技能，而是平等对话[①]。学生作为课堂主体，需要主动与文本、同学、老师展开多维对话。由此可见，学生的元认知对于课堂沟通的效果起着十分重要的作用，如何让学生在课堂上有话想说、有话可说、有话能说，一定的知识储备和对事物的基本看法是不可或缺的。学生在课堂上能与老师或其他同学产生"场"的作用，他自身也要有"磁性"。而这个"磁性"则来源于他的课前研究，课上带着"料"进入课堂，才能让自己更好地在"场"中对话、生成、建构、再反馈。

  建构主义认为，知识是学习者在一定的情境即社会文化背景下，借助其他人的帮助，利用必要的学习资料，通过意义建构的方式而获得。学生是信息加工的主体，是意义的主动建构者，而不是外部刺激的被动接受者和被灌输的对象。建构意义过程要求学生主动去搜集并分析有关的信息和资料，对所学习的

---

  ① 钟启泉：《读懂课堂》，华东师范大学出版社2015年版。

问题要提出各种假设并努力加以验证。学生在进入课堂时不是一张"白纸",而是一张有相同主题的素描画,呈现出的不同是线条的粗细、阴暗的对比,体现的是学生对事物的不同想法。充分的课前研究、大量的资料搜集、前期的印象建构,有助于学生在课堂沟通中更充分、更投入、更有效,促进"场"的活跃。所以,在"印象语文"的教学中,我会以任务驱动的方式,提前布置课前学习单,让学生做资料的搜集,主动建构自己的阅读域印象,带着想法进入"课堂沟通"。

一、深入文本对话

教师在布置学生预习课文时,若没有具体的要求指引,绝大多数的学生只会做基础的字词预习,朗诵课文,而这些都只停留在识记阶段,缺乏深入思考,思辨效果不突出,而以任务驱动,以目标带领,以研究促动,学生有扶手,就有清晰的方向。比如,我在执教人教版语文四年级下册《生命生命》这篇课文时,我的课前学习单安排了以下任务。

关于生命,杏林子怎么说,你是怎么想的?请你用下面的句式回答。
　　我认为(说观点),请关注(第几自然段)_____(哪一句话)_____中的(字、词、符)_____,我感受到_____,我还想到(提示:请你展开联想,思考哪些生命的瞬间给你带来很大的触动或震撼,可以是一个画面、一部电影、一首诗或一篇文章等,简单介绍并说明理由)_____。

四年级的孩子在面对"飞蛾求生""瓜苗生长""静听心跳"这三件普通的事情时,很难明白作者为什么会有如此大的震撼。这一任务的设计旨在引导学生关注文本,抓住文章中的关键词句,建构自己对生命的理解,和文本进行初步对话。

在执教部编版语文三年级下册《海底世界》一课时,我在课前学习单中让学生谈"关于海底世界,你有怎样的感受或想法"。学生会基于文本,思考文中的海底世界给自己带来的感受,抓住关键词句,建构初印象,形成对海底的认知。思考后,学生实际已经在和文本主动对话,生成印象,继而在课堂上带着已有印象与老师、同学再度交流探讨,使自己的印象不断丰满。

二、扩大阅读基础

语文教学鼓励学生大量阅读,阅读的过程就是自己在与周围的世界发生关系的过程。阅读是人主动建构文本化印象的活动。教师要锻炼学生从不同角度思考问题的能力，培养思辨质疑的精神。在语文教学中，学生的理解是多样的，看法是多元的。《义务教育语文课程标准（2011年版）》明确提出，语文课程丰富的人文内涵对学生精神领域的影响是深广的，学生对语文材料的感受和理解往往又是多元的。因此，应该重视语文的熏陶感染作用，注意教学内容的价值取向，同时也应尊重学生在学习过程中的独特体验。语文是母语教育课程，学习资源和实践机会无处不在、无时不有。因而，应该让学生更多地直接接触语文材料，在大量的语文实践中体会、掌握运用语文的规律。因此，我们在讲授一篇课文时，不仅仅着眼于这篇独立的文章，而是应该在课前鼓励学生们阅读了解更多相关的素材。课文的内容呈现的只是事物的一个角度，学生需要学会从多方面、多角度、多维度去思考问题，通过不同的佐证资料加深自己对事物的理解。在执教人教版四年级下册《生命生命》一课时，我通过任务驱动的方式，在课前预习单中给学生提供相关联的课外阅读文章，如《敬重卑微》《依米花的坚持》《最后的姿势》《海伦·凯勒》，这些文章从不同的角度诠释生命的价值，丰富生命的内涵，促进学生对生命的思考。读后，我布置了以下任务。

【自读思考】

从《敬重卑微》里，我们可以感受到生命＿＿＿＿＿＿＿＿＿＿＿＿＿；
从《依米花的坚持》里，我们可以感受到生命＿＿＿＿＿＿＿＿＿＿＿＿＿；
从《最后的姿势》里，我们可以感受到生命＿＿＿＿＿＿＿＿＿＿＿＿＿；
从《海伦·凯勒》里，我们可以感受到生命＿＿＿＿＿＿＿＿＿＿＿＿＿。

学生在拓展阅读中，将课内外知识相交融、互打通，感悟杏林子对生命的理解，同时建构自己对生命的印象。这样的小研究有助于我们的学生对阅读材料进行梳理、概括和对比，进而形成一般群体的阅读域印象。学生带着自己课前对生命的认知进入课堂，课上与老师、同学进行沟通、碰撞，这样的课堂才会更精彩，这样的文本对话才会更充分、更有效，这样的学习"场"才能迸发出生命，体现出学生的主体性。

资料的来源丰富多样，不过度拘泥。除了课外阅读，学生从生活当中得到的经验，经过总结提升，也是我们课堂沟通的素材。于学生而言，一句话、一首诗、一幅画，甚至是一部电影都可能成为他们观点的来源。所以，我们在布置课前学习单的时候，要引导学生多角度搜集材料支撑自己的观点。

三、激发探究兴趣

课前学习单的设置还可以激发学生的探究兴趣，基于一定的目标，完成探究性学习任务。我还尝试将这一方法运用到思政课的教学中，同样取得了不错的效果。

《胸前的红领巾》教学目标是让学生知道有关红领巾的知识，懂得要爱护红领巾，要为红领巾增光添彩。但是，我们有多少学生真正静下心来去了解有关我们胸前这条红领巾的知识？他们对红领巾知道多少？我在课前学习单中设计了一些自主活动，激发学生对红领巾的探究兴趣，加深对红领巾的了解。

我们可以从哪些方面或者是哪个角度了解我们的红领巾呢？
我从_____方面（角度）认识红领巾。我了解到_____。

学生从不同角度探究有关红领巾的知识，可能从历史方面了解红领巾的由来，可能从文学方面了解对红领巾表达赞美的诗词文章，还能从它的长、宽、形状这一角度，好好观察研究胸前这条既熟悉又陌生的红领巾。

以任务为驱动设计课前小研究，为学生架设阶梯，帮助学生获得独立思考、解决问题的能力。学生在完成任务的同时，建构自己对事物的初印象，与文本对话。通过课前的有效准备，学生带着问题和想法进入"课堂沟通"，从而达到有话可说、有话想说、有话能说的目的，提高课堂交流的有效性及针对性。学生在交流沟通中不断丰富完善自己的初印象，在学习"场"中畅所欲言。

（广州市天河区天府路小学　胡慧敏）

在印象课堂中提升学生高级思维能力

"印象语文"倡导者欧阳琪简论：

  知识源自能力，能力源自思维。"印象语文"从起始便注重高阶思维的培养。在课前探究中，在课上对话中，在课后反思中，学生经历的，是一次次的信息深度加工，一层层的螺旋式印象建构，一环环的思维发展进阶。

  广州市天河区天府路小学教师邱细浪的《在印象课堂中提升学生高级思维能力》一文，体现的就是这样一种螺旋式印象建构过程：一开始，是"巧设印象单，培养良好思维习惯"；接着，是"巧览初印象，抓住思维起点"；最后上升到"巧究深印象，重构知识框架"。

  "印象语文"是以"印象"为视域，来认识语文、认识语文教学、认识语文学习的一种教学哲学。2019年，我有幸成了广州市欧阳琪名师工作室的一名成员，开始接触和学习印象语文。欧阳琪校长在她的印象语文教学中提出了语文主题学习的三个阶段：巧览初印象、巧究深印象、巧拓后印象。每一个专题学习都会和学生一起开展大量的拓展性阅读，并为学生提供学习任务单。在多次观摩印象语文的课例和自我实践的过程中，我发现印象语文的课堂在多元对话中大大提升了学生的高级思维能力。下面，以部编版二年级下册第11课《我是一只小虫子》教学为例详谈。

一、巧设印象单，培养良好思维习惯

  语文教材是语文学习的载体，但不是语文学习的全部，而是为了让学生更好地进行自主学习，拓宽思维，让已知与未知发生连接。在印象学习中，先进行拓展阅读和根据印象学习单进行自主学习。拓展阅读可能是教师推荐的，也可能是学生自己查找的，它的来源角度可能是作者、背景、文体、主题、主人公等。印象学习单主要由教师设计，它为学生的思维发展搭建支架。建构主义者认为，支架比直接教学对高级认知技能的发展作用更大。支架是根据学生最近发展区建立的，旨在促进学生不断地从一个认知水平向着更高的认知水平发展。

印象语文的印象学习单结合语文学习的要素和学生思维发展的需要进行设计，以支撑学生的深度阅读和多维连接，并在不断的对话交流中提升学生的高级思维能力。

【示例1】部编版二年级下册第11课《我是一只小虫子》印象学习单片段：

> 我觉得当一只小虫子＿＿＿＿＿＿＿，因为＿＿＿＿＿＿＿＿＿＿＿。请大家看到书上＿＿＿＿＿＿＿＿＿＿＿（一句话或一组关键词），从中，我感受到＿＿＿＿＿＿＿＿＿＿＿。

在分享交流的时候，则可以选用这些交流学习单：

> 非常感谢＊＊＊的发言，我（非常）赞成你＊＊＊的观点。我还要补充……
> 非常感谢＊＊＊的发言，我不太赞成＊＊＊的观点。因为……，所以，我认为……

二、巧览初印象，抓住思维起点

印象语文中的巧览初印象是学生与文本第一次对话后所形成的印象，是认知开始的过程。学生根据自己的原有认知，对文章的题目、作者、主要人物等互相交流印象，教师从中了解学生的原有认知情况，为后面的深入学习找准起点。

【示例2】部编版二年级下册第11课《我是一只小虫子》课堂实录片段：

> 师：读了这个课题，你会想到什么？
> 生1：我想知道小虫子的生活是什么样的？
> 生2：老师，我平时最怕小虫子了。
> 生3：我觉得这个题目很有意思，我怎么会是一只小虫子呢？
> 生4：我很好奇这是一只什么样的虫子，是毛毛虫、甲虫，还是蜻蜓、蝴蝶？
> 生5：老师，我觉得小虫子的生活挺有意思的，它们还可以去旅行。
> 生6：老师，我觉得当一只小虫子一点也不好，很多虫子的生命都很短的。

这本身是一个开放性的问题，学生的回答也是多元的。此时，我并不需要做过多的引导，只要简单的回应就好，可以是点点头或一个微笑，也可以说"谢谢""很有意思"。但我会关注学生的思维起点，如生1、生3、生4，从会想到会问（不一定与课文内容相关）。生2结合了生活经验，与作者的感受不同。生5是结合课文内容说的。生6结合了生活或阅读谈观点。学生的印象起点是他们学习的重要基础，了解印象起点有利于后期的知识建构。

三、巧究深印象，重构知识框架

课文学习的过程是学生知识建构的过程，在这个过程中学生会进行阅读、思考、分享、交流、总结等活动，在印象语文中把这些过程当作"阅读印象"的动态建构，引导学生在阅读、对话中以"我的阅读印象"作为学习的主题线路，更为充分、清晰地强调学生的主动建构，使语言的内部加工过程更为具象①。阅读印象在这些活动中不断深化，在巧究深印象这一环节中，主要是通过多元对话来实现重构知识框架的。

【示例3】部编版二年级下册第11课《我是一只小虫子》课堂实录片段：

师：请在小组内交流：你觉得做一只小虫子好不好？为什么？可以根据学习单上的提示来回答。（每个小组4～5人）

（全班交流）

生7：我觉得当一只小虫子一点都不好，因为它很可能会被小鸟吃掉。请大家看到书上"孩子们都觉得毛茸茸的小鸟很可爱，但我们小虫子没有谁会喜欢小鸟"。（师：从中我感受到）从中我感受到小鸟可能吃小虫子。

生8：我觉得当一只小虫子一点都不好，因为它很容易会被淹死。请大家看书上第1自然段第3句"一不留神，我会蹦进很深很深的水里，被淹得昏头昏脑。其实，那深水只是小狗撒的一泡尿"。我觉得这样的深水坑太多了。

师：回答得很完整，还说明了句子的位置，方便我们看到。掌声！

生9：我也觉得当一只小虫子一点都不好，因为它可能会被屎壳郎撞伤。请大家看书上第5自然段第1句"走在外面一定要小心，别被屎壳郎撞伤"。

生10：我觉得当一只小虫子还不错，因为可以去旅行。请大家看书上第3自然段第2、3句话"如果能小心地跳到狗的身上，我们就可以到

---

① 欧阳琪：《印象语文》，江苏人民出版社2018年版，第6页。

很远的地方去旅行。这可是免费的特快列车呀！"我觉得坐特快列车很不错。

师：大家齐读的声音特别好听，谢谢生10带领大家读书。这一组的同学都有能力运用学习单，结合课文内容清晰地表达观点。还有其他组的同学要继续分享吗？

（另一组）

生11：我赞同生10的观点，我还想补充当小虫子也还不错，因为它可以自在地唱歌。请大家看第6自然段，大家跟我一起读："我喜欢当一只小虫子。当我很快乐的时候，会使劲叫哇叫，所以，如果你在夜晚听见草地里的歌声——你就一定能找到我！"（平时也提过要求同学一起读句子）我也很喜欢唱歌。

生12（举手要求交流）：我觉得找不到。草地很大的，一只小虫子，还是晚上，根本找不到。

生11：（抓了抓头，没有接话）

师：谁能回应一下生11的观点吗？

生13：实际情况可能是找不到的，但是这篇文章是作者的想象，想象就有可能的。

师：（看着生11、生12）你们认同他（生13）的观点吗？

生11：认同。

生12：（点点头）

从这段教学中，我们可以看到学生已经开始结合文本，运用学习单上的学习支架重构认知。在对话的过程中，生12提出了一个具有批判性思维的观点，学生的认知在交流中进一步重构。

师：请继续交流。

生14：我很不赞成生10和生11的观点。小虫子很悲惨的，你看我们小区里就常常有小朋友抓小虫子玩，最后还把它踩死。

生15：我也不想当一只小虫子，太恶心了。

师：同学们能结合自己的一些观察和感受来谈，非常好。但这是你原来的认识，能不能继续结合课文来谈谈你的感受呢？

在巧究深印象的过程中，老师会根据学生的回答进行点拨，或深入的挖掘，但也会有学生没有充分地阅读文本、与文本对话，这时有必要进行指导，重视对认知的重构。对知识的重构过程也不仅限于课文，还可以联系更广泛的阅读内容、更丰富的生活实际，从同伴的交流中受到启发，而重构认知，这在中高年级的印象课堂中更为常见。

四、巧拓后印象，培养高级思维

巧拓后印象是对学生阅读印象的进一步提升。学生在这一阶段将进一步整合前期的阅读印象，在认知重构的基础上开展评价与创造活动。叶圣陶先生说过："教材无非就是个例子。"我在教学本课前就推荐了学生阅读法布尔的《昆虫记》，绘本《喂，小蚂蚁》《昆虫小知识》，为学生搭建更丰富的学习平台，在课堂上开展写话的思维创造性活动。

【示例4】部编版二年级下册第11课《我是一只小虫子》课堂实录片段：

师：请大家和老师拿出学习资料，再看看法布尔笔下有趣的小虫子吧。

（生再次阅读《蜘蛛》和《蟋蟀》的片段）

师：请同学们结合自己的阅读发挥想象，以"我是一只_____（小虫子），_____"写一两句有趣的话。

（生完成学习单，师随堂指导）

师：谁来说一说你写的话？

生16：我是一只漂亮的蝴蝶，喜欢在花丛中跳舞。人们说我像花一样美丽。

生17：我是一只蜜蜂。人们都害怕我的刺，其实我只是想保护自己，吓一吓你。我喜欢采蜜。

生18：我是一只屎壳郎，我们很爱干活。但是这个名字我不太喜欢。

生19：我是一只萤火虫，喜欢飞行。如果你在夜晚看到我，一定会被我的身影吸引。

印象课堂中把"印象"作为阅读信息获取的抓手、阅读信息丰富的路径、阅读信息总结的平台，通过"唤醒原印象—交流新印象（初印象/深印象/后印象）—综合总印象"来实现学生阅读所获得印象的重塑。这印象渐深的过程也提升了学生的高级思维能力。

（广州市天河区天府路小学　邱细浪）

通过课堂语言系统的建构与运用
提升学生语文素养

"印象语文"倡导者欧阳琪简论：

  学生语文素养的提升，需要日积月累的完善。其中最重要的，莫过于对学生言语体系建构过程中的引导与促进。印象语文在强调阅读分享与对话的同时，同样重视指导学生语感的培养。学生的语感并非凭空或自然而生，教师提供的支架，在其中起了很大的作用。

  学生语文运用能力的形成、思维品质与审美品质的发展、对文化的传承与理解，都是以语言系统的建构与运用为基础，并在学生个体言语经验的建构过程中得以实现的。广州市天河区天府路小学教师申瑶瑶的《通过课堂语言系统的建构与运用提升学生语文素养》一文，极好地体现了这一印象语文之义。

语言系统的建构与运用是语文核心素养的重要组成部分，也是语文素养整体结构的基础层面。学生语文运用能力的形成、思维品质与审美品质的发展、文化的传承与理解，都是以语言系统的建构与运用为基础，并在学生个体言语经验的建构过程中得以实现的。[①] 由此可见，发展学生语言系统的建构与运用的能力是语文教学的基础和核心，也是提升学生语文素养的必由之路。在小学的语文教学中，这一点显得尤其重要。

一、"印象语文"语言系统建构与运用概述

  语文是一门有着特殊的教学意义和学习价值的学科，语文课程的综合性和实践性都很强，学生对祖国语言文字的准确理解、掌握和灵活运用能力，是语文教学的核心价值。[②] 学生在学习语文知识的过程中，不断丰富和扩展自己的

[①] 徐聪：《建构和运用语言，培养学生语文核心素养》，载《福建教育》，2018年第7期，第47-48页。

[②] 中华人民共和国教育部：《义务教育语文课程标准（2011年版）》，北京师范大学出版社。

语言知识与经验，通过对语言知识的积累、梳理和内化，逐渐构建出自己的语言体系，从而提高自己在实际生活中运用语言的能力，学会更好地与他人交流沟通，才能促进学生语文素养的真正提高。

"印象语文"关键要素：承认并相信学生具有自主学习的巨大潜力，教师可以在创设平台、指导表达与对话中发挥作用。学生始终应该是课堂学习的主体，教师应该是学生学习的先行者和引导者，但同时也是课堂学习的参与者和受益者。在课堂构建"师生交往、积极互动、共同成长"的学习场，课堂全程重视学生的学习、感悟、体验、吸纳、创新，师生分享彼此的思考、经验和知识，交流彼此的情感、体验和观念，从而在教学互动中生成阅读智慧，从生成中发展语文素养。

因此，"印象语文"倡导课堂语言系统建构与运用有以下三大目标。首先，教师要引导学生积累较丰富的语言材料和语言活动经验，帮助学生形成良好的语感，理解、探索和掌握汉语语言文字运用的基本规律。其次，教师应教授学生根据具体的语言情境和交流对象，运用口头和书面语言文明得体地表达与交流。最后，教师应引导学生学会进行语言整理和整合，将已积累的语言材料、已有知识储备，以及课外阅读进行有效联结，将理论知识转化为具体的学习方法和策略，并在实际生活中灵活地运用。

二、课堂中语言系统的建构与运用的实施策略

钟启泉在《读懂课堂》一书中指出："课堂教学中的学习，并不是基于知识的传递与解释的理解与习得，而是学生借助知识的运用，展开思考与探究的过程。"[①]

2017年2月我接手三年9班，孩子们课堂上回答问题积极踊跃，但在语言表达建构方面有许多的不足，具体表现为：观点表达不完整，常用词语或短语方式表达；不善于就文本中的重点句子发表体会和理解，抓不住关键词来表达核心观点；谈联想不够丰富，联想大多围绕自己的生活，不会迁移课外阅读的积累来谈。根据以上情况，我积极运用"印象语文"语言系统建构策略，引导学生在主动积极的思维和情感中深化感悟、发展思维，促进语言建构，从而优化课堂教学。

（一）导之以法，自主积累

以我所执教的部优课《鱼游到了纸上》为例。开课伊始，学生通过交流初步感知聋哑青年给自己留下的初步印象，在接下来的教学过程中，通过自主

---

① 钟启泉：《读懂课堂》，华东师范大学出版社2015年版，第89-144页。

学习提示让学生在自主阅读积累语言过程中提升语文素养。

师：是啊！一位平凡而又优秀的聋哑青年就这样随着文字走进我们的心里。文章到底是什么打动了我们？不妨走进文本去一探究竟，积累文中的好词佳句。我想积累的是第8自然段的这句话，愿意读的可以跟我一起读："大家赞叹着，议论着，唯一没有反应的是他自己，他好像和游鱼已经融为一体了。"我积累的理由是：作者运用一系列的动作和神态描写还加以想象，传神地刻画了一位专心致志的青年形象。同学们，你们呢？大家稍做思考，待会我们来交流。

生1：我喜欢的是第7自然段："他有时工笔细描，把金鱼的每个部位一丝不苟地画下来，像姑娘绣花那样细致；有时又挥笔速写，很快地画出金鱼的动态，仿佛金鱼在纸上游动。"我积累的理由是：这段话不但有动作还有神态的描写，形象生动地写出了青年人高超的绘画技术，这一切都源自他的认真。也喜欢这一句的同学，可以与我交流。

生2：我也喜欢"像姑娘绣花一样细致"这一句，我觉得写得特别有趣，特别形象。

师：对，描写人物的动作，不仅可以写看到的，还可以写想到的，这样表达更加具体形象。还有谁想交流？

……

师：看来真是好语言，重在积累，越积累，越精彩。请大家把你想积累的部分朗读或背诵给同桌听听。（生自主积累）

学生有了较充分的语言积累，才能更好地进行语言系统建构与运用。

（二）借助支架，互动交流

一节好的语文课应该是"以生为本"，师生互动、生生互动频繁且有效的。在班级教学模式下，学生与学生之间的有效互动，尤其重要。一定要营造各种条件，各种机会，打造各种"平台"，使各类学生不断脱颖而出，不断提高"生生互动交流"水平。遵从这样的理念，学生回答完问题，不要急着让他坐下再请下一位，而是引导学生在汇报时鼓励其他同学与发言者互动交流。

例如，我在执教北师大版《渴望读书的大眼睛》中引导学生理解感悟"大眼睛"。

师：哪些文字拨动了你的心弦？抓关键词说说理解和感受，还可以谈谈自己的联想。

（分享小贴士：学生谈自己的理解可以抓住关键词谈，联想可以是一句话、一段背景资料的补充、一个感人的小故事、省略号的补白……）

生生互动交流：

"请大家关注第×自然段，请大家跟我一起圈画关键词……"

"透过关键词，我读出了大眼睛女孩的……我还联想到……"

"我的汇报结束，也喜欢这部分的，请与我交流。"

"谢谢您的分享，我想补充……"

"谢谢您的分享，我还想抓住这个关键词……来谈……"

通过这样的语言建构系统展开生生对话，借助支架，互动交流，课堂上呈现的是学生的交流场。学生通过这样的语言系统的运用让自己成为课堂的主人，教师在起穿针引线作用的同时，引导学生一步一步往课堂目标更深刻的内容去思考。

（三）展开想象，表达感悟

"印象语文"语言系统建构与表达中很重要的观点是："语言激活印象、印象催生语言，在课堂分享与对话的过程中，主动建构和不断补充自己的阅读印象，在'一篇带多篇'阅读理念的引导下，展开丰富的课内外联想。"[①] 边读边想象，形成学生与文本之间、文本与课外知识和生活实际之间畅通便捷的对话之路。

师：边读边展开想象是一种非常有效和有趣的读书方法。在读到"像姑娘绣花那样细致"时我就想象：青年在细致地勾勒鱼的眼睛，一笔、两笔，鱼儿的眼睛仿佛活起来了，他的嘴角也扬起了微笑。我还联想到徐悲鸿善于画马，为了画好马，他学习马的解剖，熟习马的性情脾气，逼真地描绘出马的飒爽英姿。你们呢？不妨也去文中找找能激发你想象的点并展开想象和联想。

…………

生3：鱼的嘴巴也非常难画，青年一定观察了好久，我想象他一站就是一整天，腿也站麻了，腰也站累了，口也站渴了，却全然不顾。

师：你能想象青年观鱼的细节，感受青年执着的品质，真好！

生4：我想到自己平时也喜欢看鱼画鱼，却没能达到聋哑青年这一忘我的境界，比起他的执着，我真是汗颜。

生3：你已经很不错啦，都是我们班的大画家了。（生鼓掌）

师：是呀！你能联系生活实际谈感受和反思，这就证明你在成长进

---

① 欧阳琪：《印象语文》，江苏人民出版社2018年版，第54页。

步。为你点赞！我们平时阅读的课外书籍当中也有相同品质的代表人物吗？

生5：有，我从"他已经和游鱼融为一体了"联想到的是达尔文。他为了研究昆虫也是用尽了各种办法，废寝忘食，专心致志。

生6：我从青年的"忘记了吃饭、忘记了回家"这种刻苦勤奋的品质中想到了祖逖闻鸡起舞、孙敬头悬梁锥刺股的故事，都是为了实现自己的理想。

师：同样的品质，你们能联系到课外知识中的名人，触类旁通，真会读书呀！

生7：说到忘我，雕塑大师罗丹也是这样的人，为了完成他的雕刻，朋友来他家做客他都给忘了。

生8：文与可画竹也是如此，冒着雨观察，竹子才能画得惟妙惟肖。

…………

给予孩子们充分的想象空间和表达时间，孩子们纷纷饶有兴致地走入文本探寻想象点。通过边读边想象的语言系统建构来引领学生文本表达，让学生从主人公品质的体会到自己的生活实际，从课内文本探究到课外知识拓展，实现知识的融会贯通，有效提升学生语文素养。

（广州市天河区天府路小学　申瑶瑶）

印象语文"读写结合"课堂反思

"印象语文"倡导者欧阳琪简论：

  印象语文认为，言语建构是一个持续的、往复的、螺旋式上升的过程。学生的每一次有效表达，都为自身和学习共同体中其他同伴的阅读域印象提供了新的有机补充，而这些有机补充以对话的形式再反过来激发学生新的有效表达。"读写结合"中，我们也可以明晰地观察到这个过程。

  广州市天河区天府路小学教师柯永玲的《印象语文"读写结合"课堂反思》一文，结合我的《印象语文》一书所陈述的观点，通过"读写结合"课堂反思实现了言语建构的过程。

  语文课程是一门学习语言文字运用的综合性、实践性课程。义务教育阶段的语文课程，应使学生初步学会运用祖国语言文字进行交流沟通，吸收古今中外优秀文化，提高思想文化修养，促进自身精神成长。工具性与人文性的统一，是语文课程的基本特点。[①] 欧阳琪校长的《印象语文》一书中的教学理念就是重视学生的学习、感悟、体验、吸纳、创新，师生分享彼此的思考、经验和知识，交流彼此的情感、体验和观念，从而在教学互动中生成阅读智慧，在生成中发展语文素养。[②]

  基于此，我们语文教师要着眼于提高学生掌握字、词、句、篇的运用能力，并把掌握这一能力和理解语言所表达的情感与思想的能力结合起来。故在阅读课上，我们不仅应引导学生理解词句、分析内容，围绕内容组织学生读书、讨论、交流、追问、总结，而且还要主动引导学生学习语言、品味语言、领悟语言之妙，充分挖掘语文课程的情感和思维元素，营造积极的情思氛围，唤起学生沉睡的情感，激发他们广泛阅读的强烈愿望，点燃他们思维的火花，并相机安排练笔。而在练笔课上，我们应将大量的阅读片段作为样本、例文提供给学生阅读，在不增加学生负担、与新课标和谐结合的前提下，把阅读与写作有机地结合起来。而这恰好是教学思路、教学手段的变革，更是学习方法的

---

 ① 中华人民共和国教育部：《义务教育语文课程标准（2011年版）》，北京师范大学出版社。
 ② 欧阳琪：《印象语文》，江苏人民出版社2018年版，第4期。

变革。

刚接触这些教学变革时，由于对理念理解不到位，我在具体操作上缺乏针对性的指导，显得比较迷茫，课堂教学总找不到感觉，出现了以下的迷失。

（1）课文教学蜻蜓点水，浮于表象，语言文字训练没能落到实处。
（2）思维训练支离破碎，文本肢解严重，思维显得零碎杂乱。
（3）拓展阅读走马观花，为读而读，一目十行，读而不获。
（4）读写训练流于形式，言之无物，言而无度，记流水账，写口语话。

究其原因，我认为是课文学习不到位所致。学生因为对课文学习不到位，感情没投入，方法没掌握，阅读兴趣没激发，所以导致了拓展阅读时没有明晰的目标，加上时间紧，阅读更是囫囵吞枣，读而不获，读写时自然无话可说、无感可发。而课文学习不到位，从表面上看，是时间紧的原因，深层次的原因，其实是对传统教学思想的遗弃。

例如教授《梅花魂》，我的教学流程课是这样的：从题目入手，提出什么是"魂"，然后直奔主题，感悟什么是"梅花魂"；接着引导学生找出最能体现梅花的段落进行品读，弄清楚梅花魂和中国人气节是什么，明确借梅花秉性比喻中国人秉性是借物喻人的写法；再进入拓展，阅读几篇写法上相关的文章；最后读写：喜欢什么花？学习借物喻人的写法写一段话。由于对文本的解读脱离了完整性，学生思维仅停留在表层，没有有效的语言文字训练，教学思路单一和生硬，因此，学生在拓展阅读时比较迷茫，读写就显得比较肤浅和简单。

那么，怎样在有限时间内达成文本教学目标，发展听、说、读、写能力和创新思维能力？怎样让学生有效地进行快速阅读？如何更有效地由读链接到写，使写的训练更加落到实处？

如果把课文教学目标落实了，学生学有所思、学有所获，那么拓展阅读的目标就强了，由此可见，问题的根本在课文学习上。从传统和跨越的角度来分析，课文学习是传统的，而"拓展"和"读写"是跨越的，怎样在传统和跨越间找到一个支点，既能在有限时间内发挥传统教学效果，又使跨越目标能真正落实呢？我认为关键在于对文本的完整性解读和有效的训练。教学如果脱离了文本的完整性和缺乏有效的训练，那么教学过程可能是失败的。

语文是一个整体。从内容、思想感情、表达形式上，它是完整的、连贯的，我们不能把它们分割开来。要在较短的时间内，扎实精要地读好文本，必须非常精炼地抓住文本的线索，作为教学思路，作为学习主线，让学生在完整的文本结构中去读、去思、去悟、去练，确保学生思维的完整性。[①]

怎样能在有限的时间内进行有效的训练呢？首先要在对文本完整解读的基

[①] 庄泳程：《行走在字里行间》，光明日报出版社2015年版，第5页。

础上，清晰的定位教学目标，抓住主线索，提炼出具有提纲挈领、牵一发而动全身的核心问题，引导学生品文析句，多角度、多层次思考，并在老师适时的点拨、小结中，引导学生把学、思、悟的思路串联起来，使学生在学习中学会迁移和运用。这既能保证时间，又能深化学生对文本写法的理解，还能促进学生由理解到运用的深层转化。

欧阳琪校长在《印象语文》一书中也分享到，在阅读教学中，可以通过小组合作的学习方式，引导学生在初谈"印象"的过程中，采取分享、交流、探讨的方式，实现个体的阅读域印象的丰富和补充，并以小组合作学习成果的方式展开汇报与进一步对话，学生的阅读域印象也会因对话的深入展开而持续补充，再加上教师相机点拨与激励，学生的阅读域印象将会实现由局部到复杂的转变。在课堂分享与对话的过程中，去建构阅读域的印象，从而积极促进学生的倾听和针对性讨论。①

基于此思考，在一段时间的摸索和实践后，我逐渐梳理出这样的一种教学思路。

1. 导读质疑是初始印象

选入教材的文章都是文质兼美、善良温情，像这样的文章，一定要让学生好好地读，好好地品。读通了，读顺了，有了想法和疑问，才能为下面的探究打下基础，才能在探究学习中真正依托文本，抓住文本，言之有物，言之有据。一般情况下，我坚持"三读"：初读，扫清文字障碍；再读，找自己喜欢的句子，练习读好，初步交流体会；三读，快速默读全文，想想明白了什么，有什么疑问，提出并梳理核心问题。

2. 立体探究是深入印象

对文本的立体探究不但是课文教学的关键，也是学生能否有效地拓展阅读的关键。阅读文本时，抓住一个核心问题，让学生深入文本，多角度、多层次思考，分小组讨论、汇报、补充、追问、总结。教师在整个学习过程不时进行巧妙的点拨，学生各抒己见，在这样的思维碰撞过程，无形中让学生进行了语言文字和思维的训练。但这个过程必须依托在整体文本之上，同时又是对文本的提炼和整合。

3. 拓展延伸是升华印象

课文学习到位了，学生会依着学习中体会的情感、学到的方法，有目的地在拓展阅读材料中汲取所需的信息。这时，我会为学生精心挑选与本课学习目标高度一致的名家名著片段，从而促进学生思维参与的深度，扩大学生课堂活动的广度。

4. 总结读写是构建印象

在课文学习、拓展阅读的基础上，学生对写作方法有了深入的理解。在此

---

① 欧阳琪：《印象语文》，江苏人民出版社2018年版，第4页。

基础上，我们可以进一步对写作方法做小结，为读写做铺垫。例如，在课堂上，我摘选了"吝啬鬼"严监生、"凤辣子"王熙凤和"机智好胜"的小兵张嘎这些典型人物的片段描写，通过"给出片段描写，猜人物"的方法，让学生重温片段，回顾写法。学生在一个又一个悬念中愉悦地阅读着学习过的人物片段，再次有效地融合了典型人物的动作、语言、细节描写。学生通过自主感悟学习、自主建构，从而将样本、例文甚至经典片段的写法内化为自己的写法，并在内化过程中结合自身生活经验和其他阅读经验，勾连起自己对写法的独特感受和具体指向。

总之，在语文课堂教学中，可以充分地将阅读和写作整合起来。让阅读真正成为写作的基础；让阅读拓展、丰富学生的生活经验，激发学生对各种图式的感悟和内化，勾连起学生个性化的体验和经验。学生在有感悟、有思考、有灵感的状态下，就可以有创造性、有感染力和有意义的写作了。

（广州市天河区天府路小学　柯永玲）

第二部分 印象语文创意

我之所以提出"印象语文"这个个性化语文教育理念，不是为独特而独特，而是源自我们实实在在的教育现实与教育探索。尤其是近年来，无论是在常态课的语文教学中，还是在示范课、展示课、竞赛课等语文课堂教学中，我与"印象语文"的实践者一直都在致力于探索印象语文创意，通过独特创意让"印象语文"在课堂中逐一呈现、精彩绽放，逐步推进课堂生态华丽转型。

本篇除了收录我对各位教师印象语文课堂的点评，还呈现了我与各位教师对印象语文课堂的教学设计、反思、实录或者视频。

印象课堂:《七律·长征》

让"印象语文"在课堂中逐一呈现

《七律·长征》是我为欧阳琪名师工作室成员、天府路小学全体语文教师以及清远跟岗教师展示的一堂语文主题阅读课。这节诗歌赏析展示课,关注常态课堂,聚焦有效教学,从阅读的初印象,到朗读指引、内容理解与情感体悟,最后到阅读期待、印象升华,让"印象语文"在课堂中逐一呈现。应邀而来的广东第二师范学院桑志军教授对课堂进行了深入点评。桑教授认为:这节课从课堂设计,到学法指导,到教育理念的贯穿,到教师的范读都可圈可点,充分展现了教师扎实的基本功,高超的驾驭课堂能力和前沿的教育思想。

《七律·长征》展示课所呈现的"印象语文"课堂生态,得到了教师们发自内心的认可,这可以从广州市天河区骏景小学教师吴双法的《〈七律·长征〉印象语文赏析》一文中得到印证。

2018年11月20日,冬日暖阳,和美天府,名师登场。周二的天府路小学一如平常,但欧阳琪校长的一节阅读研讨课为平凡的一天添了几许涟漪。

欧阳琪名师工作室成员、天府路小学全体语文教师以及清远跟岗教师汇集一楼电教室,体验了一堂美轮美奂的语文主题阅读课。在欧阳琪校长的引领下,孩子们对毛主席的《七律·长征》时而细细赏析,时而激情朗诵,时而透彻感悟,让"印象语文"在课堂中逐一呈现,铺陈开来。

阅读初印象环节:孩子们感知作者毛泽东伟人的魅力,了解律诗(七律)的特点,查阅了大量关于长征的资料,一个初印象给孩子们带来的是海量阅读。这些前置性阅读,为这节课提供了丰富的资源,为这节语文课堂提供了有力的支撑。

印象表达环节:呈现的是孩子们的精彩朗读。在欧阳琪校长指引下,孩子们朗读得铿锵有力,读出了诗的情感,读出了自己的理解,还明白了这么读的道理。就在印象表达中,孩子们渐入佳境,真正体会到《长征》这首诗的内容和情感。

主题印象环节:是一个动态建构学生自我学习体系的过程。透过《长征》这首诗,毛泽东作为诗人的豪情和作为一代伟人的博大胸怀、高昂气质跃然纸上。学生感受到在毛泽东的领导下中国工农红军战胜艰难险阻的大无畏精神、英勇豪迈的气概和胜利后无比喜悦的心情。这就是印象，这就是画面感，这就是刻在孩子们脑海中的人物形象。

整个课堂从初印象到印象表达再到主题印象，贯穿着朗读的指引、内容的理解、情感的体悟，直至最后的阅读期待，层层递进，听者如沐春风，豁然开朗，沉醉其中，不知下课铃声已响。

课堂之外，欧阳琪校长的教学设计也是匠心独运。她为孩子们设计的"印象语文之毛泽东专题"阅读学习记录就是很好的指引。她提供的印象语文——《七律·长征》阅读资料极大拓展了学生的阅读面。她收集的各国元首、各国专家对毛泽东的评价加深了学生对毛泽东主席的理解。至于生活中的毛泽东更是让学生产生亲近感。课堂的精彩，课外的细节，让这节"印象语文"得以完美呈现。

课后，欧阳琪名师工作室的成员老师纷纷发表观摩感悟：欧阳校长的课体现的是课程新解读、教学大智慧，在"印象语文"课堂的引领下，工作室成员将积极探索课程新模式，引领学生在语文核心素养方面不断提升成长。

《七律·长征》教学设计及反思

【教材分析】

《七律·长征》是一首七言律诗，毛泽东创作于1935年10月。当时毛泽东率领中央红军越过岷山，长征即将结束。回顾长征一年来所战胜的无数艰难险阻，他满怀喜悦的战斗豪情。全诗从首联开始，展开了两条思维线，构造了两个时空域，一个是客观的、现实的："远征难"，有"万水千山"之多之险；一个是主观的、心理的："不怕""只等闲"。这样就构成了强烈的对比反衬，熔铸了全诗浩大的物理空间和壮阔的心理空间，奠定了全诗雄浑博大的基调。

选编这首诗的意图，是让学生通过对诗句意思的理解，感受中国工农红军在毛泽东的领导下战胜艰难险阻的大无畏精神、英勇豪迈的气概和胜利后无比喜悦的心情，领略毛泽东作为诗人的豪情和作为一代伟人的博大胸怀和高昂气质。这是教学的重点。教学的难点是理解二三句诗的意思并体会其蕴含的思想感情。

【学情分析】

五年9班的学生，语文基础良好，课外阅读较丰富，但《七律·长征》

这部作品对学生而言，有时空差距，我们通过课前补充阅读5篇教师推荐文章和学生自选文章，综合阅读思考，完成课前小研究，课上的交流计划依据学生的学习情况进行调整。

【教学目标】

（1）通过引导朗读与分享，学生自由表达对长征的印象。
（2）通过指导对话与交流，学生能通过补充阅读，抓关键词，体会长征一路的艰难险阻，感悟作者毛泽东大气磅礴的创作风格和革命乐观主义精神。

【教学重、难点】

1. 重点
（1）创设情境，引导学生朗读与分享；
（2）引导对话，鼓励学生在交流中重构自己对"长征"、对"毛泽东"的理解，说出对"革命乐观主义"的理解。

2. 难点
顺学而导，引导学生在交流中体会长征的艰难险阻，体会作者毛泽东大气磅礴的创作风格和革命乐观主义精神。

【教学过程设计】

教学环节	教师活动	学生活动	设计意图	时间分配
阅读初印象	1. 读题 2. 引导自由分享：同学们，大家做了充分的课前预习。关于文体，关于内容，关于作者，大家有怎样的印象 3. 引导学习：七言律诗是中国传统诗歌的一种体裁，简称七律，是讲究声律、对偶的新体诗。八句组成，每句七个字，每两句为一联，共四联，分首联、颔联、颈联和尾联 4. 引导小结：课前收集资料对我们有什么帮助	1. 分享交流关于长征、律诗、毛泽东的印象 2. 概括课前学习感受	1. 从学生阅读初感受出发，通过交流与倾听，实现长征印象的初步建构 2. 理清文章脉络	5分钟

(续表)

教学环节	教师活动	学生活动	设计意图	时间分配
朗读与分享	1. 边读边说：让我们来做长征的朗读者，你想怎样读，试着读一读 2. 教师范读，说感受 3. 引导朗读与分享	1. 倾听、感受 2. 自己试读 3. 朗读句子，分享自己看到的画面	以长征朗读者为切入点，引导学生在朗读中初步感受文字背后的画面	8分钟
小组学习：我的阅读体验	1. 布置学习任务：这些句子为什么打动了你？说说理解和感受，还可以谈谈自己的联想 2. 到小组巡视指导，关注待进学生	小组学习与交流	开放的问题设计，给学生提供了个性阅读的可能性；小组学习，给了学生更充分的表达机会	5分钟
全班交流：谈想法，说依据。读诗歌，你觉得这是一次怎样的长征	1. 分享小贴士： ①先说观点，后谈依据，依据可以抓住某一联中的关键词来谈 ②小组交流要按照一定顺序，争取每位同学都能分享，也可以一人说完，大家讨论与补充 2. 交流对话：（顺学而导）四联均需交流 依据学生交流内容适机引导关注课前阅读资料：①首联——各国元首、各国专家对毛泽东的评价；②颈联、颔联——诗歌中提到地名的背景资料；③尾联——毛泽东三首诗词 3. 引导思考： ①从这首诗中你读出一个怎样的毛泽东 ②阅读补充资料这一体验给你的语文学习带来怎样的启示	分享与对话思考与总结	1. 学生在分享与对话中不断成长，培养学生逐步形成互相学习，互相启迪的习惯 2. 教师的适机点拨，可以帮助学生更聚焦、更深入地思考与生成 3. 通过阅读链接引导深入思考、提出问题；在"这是一次怎样的长征"思考中引出"你读出一个怎样的毛泽东"	17分钟

（续表）

教学环节	教师活动	学生活动	设计意图	时间分配
阅读后印象	1. 阅读后印象：关于作者、关于长征 2. 体会学习方法：阅读补充资料这一体验给你的语文学习带来怎样的启示 3. 新阅读期待：若一周后，我们再次围绕伟人毛泽东进行交流，你想在这一周中读些什么书籍	1. 自由交流 2. 尝试总结新的学习方法给自己带来的启发与感受	1. 对比阅读初印象谈自己的收获 2. 思考阅读补充资料可以帮助我们更深入地感悟诗歌 3. 激起新的阅读期待	5分钟

【教学反思】

《七律·长征》一课是我策划已久、期待已久的一节课。从2015年至今，我已经习惯每一节语文课都是公开课的日子，虽然每一节课都会一如既往地寻求突破，但是很久没有这样长时间地思考和准备一节课了，《七律·长征》是例外。

一、教学设计分析

本课教学设计主要有以下三个方面值得分享。

1. 依照印象语文的五环节长课精心设计

阅读初印象——朗读与分享——小组学习（我的阅读体验）——全班交流（谈想法，说依据，读诗歌，你觉得这是一次怎样的长征）——阅读后印象。具体设计中，首先，从学生阅读初感受出发，通过交流与倾听实现长征印象的初步建构，理清文章脉络；其次，以长征朗读者为切入，引导学生在朗读中初步感受文字背后的画面，再通过开放的问题设计，给学生提供了个性阅读的可能性。小组学习，是为了给学生更充分的表达机会。学生在分享与对话中不断生成，培养学生逐步形成互相学习、互相启迪的习惯。教师的适机点拨，可以帮助学生更聚焦、更深入地思考与生成。

2. 本节课想在两个方面寻求突破

一是以问题引发学生课堂上的阅读需求，帮助学生体验因需求而展开阅读的成功与愉悦；二是引导学生在阅读分享过程中生成问题，在质疑、解疑中感受阅读与思考的积极作用。

3. 精选、编辑能辅助学生理解感悟诗歌的补充阅读材料

挑选各国元首、各国学者对毛泽东的评价，利用刘先银教授编著的《跟毛泽东学诗词》节选，提供五岭、乌蒙山、金沙江、大渡桥、岷山五个地名的解释。

二、课堂生成反思

对于课程设计初衷和目标，课堂达成率80%，学生对初印象和诗意的解读准备充分，交流深入。课堂的补充阅读中，也能较快发现关键信息，学生在课堂上的对话自然顺畅、彬彬有礼，课堂氛围一如既往地如涓涓细流。但我更"耿耿于怀"的是20%的遗憾，在我看来，所有的遗憾都是印象语文下一步的新亮点，简析如下。

1. 课前设计中最期望的是学生能在步步深入中补充阅读资料，把阅读中获取的新信息纳入自己原来的思考结果，从而不断丰富自己对诗歌、对诗人的理解，从而切实解决本诗学习中的时空距离。此目标达成度较低，学生习惯于自己思考、倾听同学们的分享，在师生、生生对话中实现动态建构。

2. 导思引疑策略虽略有表现，但成效不够明显，学生的质疑习惯确实不是一蹴而就，也可知，老师在平时的教学中还是未能把学生的提出问题能力培养作为重点，正所谓：提问能力培养，同志还需努力！

（广州市天河区天府路小学　欧阳琪）

附：《七律·长征》教学视频

印象课堂:《触摸春天》

印象语文的学习场：师生交往·积极互动·共同成长

学生应该是课堂学习的主体，教师是学生学习的先行者和引导者。若能在课堂中构建"师生交往·积极互动·共同成长"的学习场，在课堂全程中重视学生的学习、感悟、体验、吸纳、创新，师生分享彼此的思考、经验和知识，交流彼此的情感、体验和观念，师生就能在教学互动中生成阅读智慧，在生成中发展语文素养。

小学中高年段的阅读教学可引导学生从阅读初体验出发，通过交流与倾听实现春天印象的初步建构；再通过开放的问题设计，给学生提供了个性阅读的可能性；组织小组学习，给了学生更充分的表达机会。学生在分享与对话中不断生成，不断互相学习、互相启迪，教师的适机点拨，可以帮助学生更聚焦、更深入地思考。

《触摸春天》是四年级上册第四组"热爱生命"中第一篇课文。课文的主人公安静是一位盲童，她用自己独特的方式，感受春天的气息，触摸春天的脉搏。文章传达出积极的人生态度：谁都有欣赏春天的权利，只有用心去感受生命的美好，才能创造一个属于自己的春天。选编这篇课文的意图，一是引导学生体会盲童对生活的热爱，感受作者对生命的关爱；二是学习联系上下文和生活实际，理解含义深刻的句子，并体会其表达效果，增加语言积累。教学的重点是深入体会一些关键语句的含义，教学难点是感悟作者揭示的深刻道理。

本课教学中，我通过指导学生展开分享、对话、想象、补充阅读，帮助学生从关键词中体会盲女孩安静通过触觉感受飞翔的概念，感受生命的美好。学生也在思想碰撞、主题表达的过程中，不断提升语言实践的能力。引领学生交流对话的流程如下图所示：

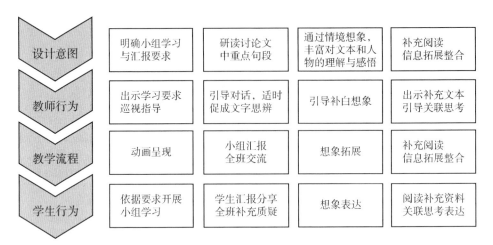

《触摸春天》交流对话片段流程图

流程说明如下：

步骤1：明确小组学习与汇报要求。教师出示要求并巡视指导，引导学生依据要求开展学习。

步骤2：研读讨论文中重点句段。教师教导学生分享与对话，并适时引导质疑，促成思辨，并尝试引导学生进行总结。

步骤3：情境想象，丰富对文本和人物的理解与感悟。在学生对话过程中，引导学生补白想象：那是一个怎样的地方？学生在想象表达中实现对文本的动态建构。

步骤4：补充阅读信息，拓展整合。出示阅读链接——海伦·凯勒《假如给我三天光明》片段，通过思考表达：安静和海伦的经历与体验，给你带来怎样的启发？帮助学生整合阅读信息，实现动态建构。

回顾整个教学过程，我努力实现以下两个部分的突破。

突破一：小组活动任务清晰丰富，学习方法指导明确。片段中，教师将学生的座位排列依照异质学习小组排列，学生在交流自己学习思考后，小组选定汇报内容，分工合作汇报，并引起全班讨论。教师在明确小组学习内容的同时为学生设计了"分享小贴士"，为学生小组学习体验提供方法，也引导学生通过联想打通课内外阅读，帮助学生自然而然地由课内到课外，实现了相关话题的阅读经历新建构。

突破二：顺学而导，润物无声。本课教学中，教师除了通过音频、图片等创设情景外，更努力在课堂上注重倾听与鼓励，通过创设民主和谐的交流对话氛围，顺学而导，尊重学生，引导学生在真实轻松的氛围中落实课堂分享、补充、质疑、讨论、总结等一系列语文阅读深度学习，从而真正凸显学生在学习中的主体地位。而教师的引导分享、引起思辨、引发想象的教学行动均是在学生整体的学习过程中适时展开，无明显痕迹，"四两拨千斤"的教学智慧来源

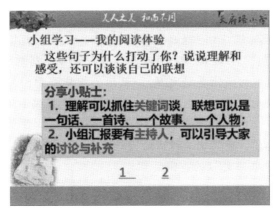

小组化组织学习

于教师对教材、对课程的深度把握,充分体现教师作为组织者、参与者、引导者的多元角色。

让《触摸春天》这堂课更好地给听课师生留下深刻印象,既是我倡导的印象语文本来的追求,也是我以校长的身份仍然站在课堂上的初心。在我读了我校语文教师江红梅对我这堂课的分析文章《春色满园关不住,一枝红杏出墙来——〈触摸春天〉课例赏评》后,我更加深刻认识到这堂曾获得2018年部级优课的《触摸春天》印象语文展示课达到了这个效果。江老师这样分析:

有的人见一次就一辈子钟情,有的美景看一次就在心里扎根,有的课听一次就念念不忘。《触摸春天》无疑就是这样的好课。

第一次听欧阳琪校长的课,抱着一份激动,带着一份期许,等待着那个"春天"的时刻。早就听说欧阳琪校长的"印象语文",这个"春天"会给我们留下怎样美好的"印象"呢?文中的"安静"将会在这堂课中如何演绎她的精彩人生故事呢?

时间在不知不觉地流走,四十分钟的课堂里,我看到了一个用双手悄然合拢,用灵性捕捉"生命"的安静;看到了一个虽走路磕磕绊绊,却同样珍爱春天,渴望放飞心灵的安静。这样的一个"安静"走进了孩子们的心灵,映入了我们听课教师的眼睛。

没有生硬的讲解,没有强加的分析,没有空洞的道理,有的只是涓涓似流水的音乐声,有的只是老师四两拨千斤的引导声,有的只是孩子们徜徉在语言文字里发自内心的解读声,有的只是孩子们生命拔节的美好旋律,这样的课真有"江天一色无纤尘"之气,别有一番清雅脱俗之感。

听过不少名师的课,有的以幽默铸成风格,有的以细腻形成特色,有的凭深邃卓尔不凡,有的似惊雷气势磅礴。欧阳琪校长的课如果用绘画来形容的话,那就是"不着痕迹,春意盎然"。教师的语言似清风不徐不疾，说得轻，落得巧，化得开，落得实。一句话，一扇窗，一个问，一个世界。让听的人有"曲径通幽""豁然开朗"之感，就像《桃花源记》中所描述的那样："初极狭，才通人。复行数十步，豁然开朗。土地平旷，屋舍俨然，有良田美池桑竹之属。"教师的智慧藏于问题的设计之中，隐于巧妙的师生对话推进中。不张扬却恰到好处，不偏不倚却击中要害。

以上是我初听《触摸春天》一课的最初印象。当我有机会再次重温这节课例的时候，我再次为教者的设计感到惊讶。这一次，我是真的近距离地看到"印象语文"的美丽。

印象之美

这堂课的美，美在教者围绕着"印象"铺设了三层阶梯，引导学生对文本逐渐建立印象，深化印象，解构印象，输出印象。一是触摸印象，说出"春天""触摸春天"这两个关键词的初印象；二是输出印象，亮出自己的声音，读出文本留给自己的第一印象；三是解读印象，结合文中的关键词句，联系生活，说出自己对文本的品悟与解读。这一环节是整堂课的灵魂所在，教者与文本，学生与文本，教师与学生，彼此之间形成了一个封闭的链条，不断对话，不断追问，不断拓展。"这些句子为什么打动你？""安静的心灵来到了一个怎样的地方？""安静和海伦·凯勒为什么都那么想体验春天？""这里的春天还仅仅只是春天吗？"……三个环节的"印象"设计，既符合阅读的心理，又有内在的逻辑性。

生成之美

一堂课的精彩有赖于设计，更体现在生成。这堂课的生成可谓是一气呵成，生成中，有学生之间思想的补充与碰撞，也有师生之间意外的惊喜与发现。"因为他们心中有一个春天。他们对春天都充满期待。他们虽有身体的障碍，他们对生命都充满渴望""安静和海伦·凯勒都渴望春天，渴望新事物，渴望生命得到绽放"……这些就是出自课堂上学生惊人之语。若不是对文本有深层的感悟，若不是对生命有实质的领悟，怎么会有这样新鲜的表达呢？

"文章本天成，妙手偶得之"，要想一堂课"天衣无缝"，就需要教者处处精心设计。《触摸春天》之所以受到大家的喜爱与青睐，相比较于常规课来说，有一个很大的特点：无痕。

教师的引导不露痕迹，学生却一听就明：

"'春天来了，小区的绿地上花繁叶茂，桃花开了，月季花开了，浓郁的花香吸引着安静。这个小女孩整天在花香中流连。'从这句话中我看到了在万紫千红、万物复苏、花繁叶茂花香中，一个叫安静的小女孩出现在我的眼前。你呢，你想读哪一句？请亮出你的好声音。"这样的引导令人舒服，又让人大受启发。"说得真好。刚才有同学提到了这个海伦·凯勒，现在我们就联系这两位的生命经历，看看你有什么新的想法，给你带来了什么启发？"问题一出，课堂由纵深转变为"横向"研究，课堂的触角又一次得到了延展。这样巧妙设计的引导不胜枚举，要做到这等举重若轻，需要的不仅是时间，更是智慧与研究的结果。

像许多听课的人一样，我最初强烈的感受就是学生完全成了课堂的主人。他们一个个都像砸碎了镣铐的舞者一样，尽情挥洒与表达，其能量令听课老师们目瞪口呆。是什么让学生们愿意与老师一道走进文本呢？让我们来听听欧阳琪校长的引导："你来回应一下，他的建议怎么样？""你们做得很好，我们进入下一环节""你读出了什么？""你有话要说吗？"……教师的问题充满了尊重，彰显了以教师为主导、学生为主体的互动型课堂的风采。没有明显的指向性的问题，更能开阔学生的思维。

语文之美

学习语文的最终目标是要学会语言文字的综合运用。说到底，既要解决内容问题，还要解决表达形式的问题，做到"言意兼得"。在这堂课中，教师紧扣关键词语，通过联系名人故事、名人名言、想象画面、联系生活等方式，不断叩问，形成了个性化的表达输出，呈现了印象课堂的"语文之美"。如"一年有四季，春夏秋冬。触摸春天，就是触摸一年四季""春天是一个花繁叶茂的季节，是一个播种的季节，是姹紫嫣红的季节，是活动的季节，是播种希望的季节""海伦·凯勒以自己独特的方式去感受自然，感受生命，她是生命的强者""缤纷的世界里有鲜花绿草，有虫鸣的歌唱""弧线是美的，蝴蝶用它的行为告诉安静怎样的生命才有价值，安静的心灵受到了震撼"……

当心与心开始建立联系时，当文本已不再是静止的符号时，当故事开始带着温度时，语文课堂便开始改观：学生打开心扉，师生互相欣赏与鼓励，借助语言与文字，一切活跃了起来。

如果说语文课堂本身就是万紫千红的春天，那么《触摸春天》就是这关不住的一枝红杏，它正绽放着明丽与多姿，自信地走来。

《触摸春天》展示课虽然获得了部级优课，但我仍在想，下一次，我还可以呈现得更好。印象语文教学中，还要充分挖掘语文课程的情感和思维元素，营造积极的情思氛围，点燃他们思维的火花；在教学准备中可以基于单元主题组织广泛阅读语文实践活动，并引导学生把课外阅读采集的大量信息在课内有效运用，以课内阅读促进课外阅读，以课堂上的阅读联想与推荐引起学生新的课外阅读兴趣，进而实现学生课内外阅读的融合，在充分的阅读实践中提升学生的阅读素养。下一次课，我希望自己能在这些方面继续突破！

《触摸春天》教学设计及反思

【教材分析】

《触摸春天》是鲁教五·四学制 2001 课标版小学语文课本四年级上册，第四组"热爱生命"中第一篇课文。捧读课文，一幅生动的画面映入眼帘：在春暖花开的美景中，一个小女孩穿梭在花丛中。她在一株月季花前停下来，慢慢伸出双手，悄然拢住了一只逗留在花间的蝴蝶。蝴蝶在她的手指间扑腾，小女孩的脸上充满了惊讶。许久，她张开手指，蝴蝶扑着翅膀飞走了。小女孩抬起头来张望。这位特殊的小女孩就是课文的主人公——安静。说她特殊，是因为她是一位盲童；说她特殊，还因为她能够用自己独特的方式，感受春天的气息，触摸春天的脉搏，捕捉春天的影踪。在这个清香袅袅的早晨，作者也触摸到了一种从未有过的生命力，感悟到了人生的真谛：谁都有把握春天的权利，只有用心去感受生命的美好，才能创造一个属于自己的春天。这篇课文篇幅短小精悍，语言简洁，意境隽美，所蕴含的道理非常深刻。选编这篇课文的意图，一是引导学生体会盲童对生活的热爱，感受作者对生命的关爱；二是学习联系上下文和生活实际，理解含义深刻的句子，并体会其表达效果，增加语言积累。教学的重点是深入体会一些关键语句的含义，教学难点是感悟作者揭示的深刻道理。

【学情分析】

四年 9 班的学生，语文基础良好，课外阅读较丰富，对于阅读理解《触摸春天》这样的文本难度不大，在课前补充阅读《同步阅读》中的四篇文章，综合阅读思考，完成课前小研究，课上的交流计划依据学生的学习情况进行调整。

【教学目标】

（1）通过引导朗读与分享，学生自由表达对春天的印象。
（2）通过指导对话与交流，学生能从重点句、关键词中体会盲女孩安静通过触觉感受飞翔的概念，感受生命的美好。

【教学重、难点】

1. 重点
（1）创设情境，引导学生朗读与分享。
（2）引导对话，鼓励学生在交流中重构自己对"春天"的理解，说出对"生命美好"的理解。

2. 难点
顺学而导，引导学生在交流中体会盲女孩对生活的热爱。

【教学过程设计】

教学环节	教师活动	学生活动	设计意图	时间分配
阅读初印象：春天《触摸春天》	1. 读题 2. 引导自由分享：同学们，大家做了充分的课前预习，关于春天，关于《触摸春天》，大家有怎样的印象 3. 引导总结：《触摸春天》讲的是一个怎样的故事	1. 分享交流关于春天的印象 2. 概括文章主要内容	1. 从学生阅读初感受出发，通过交流与倾听实现春天印象的初步建构 2. 理清文章脉络	5分钟
朗读与分享：春天朗读者	1. 接下来，就让我们来做春天的朗读者，亮出我们的好声音一起走进这篇文质兼美的文章，聆听这个温暖的故事 2. 教师范读第二段，说感受 3. 引导朗读与分享	1. 倾听、感受 2. 自己试读 3. 朗读句子，分享自己看到一个怎样的画面	以春天朗读者为切入，引导学生在朗读中初步感受文字背后的画面	8分钟

（续表）

教学环节	教师活动	学生活动	设计意图	时间分配
小组学习：我的阅读体验	1. 布置学习任务：这些句子为什么打动了你？说说理解和感受，还可以谈谈自己的联想 2. 到小组巡视指导，关注待进学生	小组学习与交流	开放的问题设计，给学生提供了个性阅读的可能性；小组学习，给了学生更充分的表达机会	5分钟
全班交流：我被打动的地方是哪里	1. 分享小贴士： ①可以抓住关键词谈理解，联想可以是一句话、一首诗、一个故事、一个人物 ②小组汇报要有主持人，可以引导大家的讨论与补充 2. 指导体会： 句子一：蝴蝶在她的手指间扑腾，安静的脸上充满了惊讶。这是一次全新的经历，安静的心灵来到了一个她完全没有体验过的地方 ①学生交流中适机引导：那是一个怎样的地方 ②出示阅读链接：海伦·凯勒《假如给我三天光明》片段 引导思考：安静和海伦的经历与体验，给你带来怎样的启发 句子二：谁都有生活的权利，谁都可以创造一个属于自己的缤纷世界	分享与对话 思考与总结	1. 学生在分享与对话中不断生成，培养学生逐步形成互相学习、互相启迪的习惯。教师的适机点拨，可以帮助学生更聚焦、更深入地思考与生成 2. 句子一的学习中，通过阅读链接引导思考；句子二的学习以不同颜色的关键词朗读来帮助学生体会句子的两层意思	15分钟

（续表）

教学环节	教师活动	学生活动	设计意图	时间分配
总结与思考	1. 交流中引导思考：春天，仅仅是春天吗 2. 趣味回顾：阅读分享了《触摸春天》一文，你想怎样设计今天的课后作业	1. 自由交流 2. 尝试口头表达设计作业的意见	1. 以"春天，仅仅是春天吗？"引起学生对以上学习交流的深层次思考与提升 2. 以作业设计引导学生回顾本节课的学习收获与课外延伸的可能性	7分钟

（广州市天河区天府路小学　欧阳琪）

附：《触摸春天》教学视频

印象课堂:《花诗花境》

从一节课看"连接"的形态与力量

"印象语文"一直强调打通课内外,强调信息、情感的关联。经过一段时间的实践,我们发现:印象语文在学生主题印象动态建构中不断重复着一个过程,那就是"连接—发展",而这种"连接—发展"呈现的力量是令人欣喜的。我们从天府路小学张睿老师执教的古诗文阅读分享课《花诗花境》一课的几个片段可见一斑。

片段一:你唱我和,精彩纷呈———"连接"的形态

课堂背景:学校的诗词大会结束两周之后,孩子们对诗词大会的成功与失败仍兴致颇高,课余之际常常以飞花令为游戏。

课前准备:学生根据话题各自准备分享内容给小组,按常规做汇报准备。

课堂话题:谈谈诗词中带"花"的诗句,分享自己的理解与联想。

课堂进入小组汇报:

第一小组发言:(生1至生6,其中生6负责板书大家的诗句)

生1:我要带给大家的诗是《江畔独步寻花》,会背的同学和我一起背……"黄师塔前江水东,春光懒困倚微风。桃花一簇开无主,可爱深红爱浅红?"这首描写桃花的诗,诗人用两个"爱"字写出了对桃花的欣赏与喜爱,又用两个"红"字,让读者身临其境。下面有请生2发言。

生2:我要分享《山中问答》中的一句,"桃花流水窅然去,别有天地非人间"。桃花飘到水里,让诗人感觉很舒服。下面有请生3发言。

生3:我要为大家分享的诗句是"梅花似雪,雪似梅花"。这句诗将雪和梅花放到一起来写,突出了梅花即使在寒冷的冬天也能不屈不挠地度过,就像中国当时被日本侵略一样,即使日本有发达的科技,中国还是顽强地反抗了日本。下面有请生4分享她的诗句。

生4:我要给大家分享的诗句是毛泽东的《卜算子·咏梅》,会背的

同学跟我一起背。"风雨送春归，飞雪迎春到。已是悬崖百丈冰，犹有花枝俏。俏也不争春，只把春来报。待到山花烂漫时，她在丛中笑。"诗中的"风雨"和"飞雪"可以体现出天气非常恶劣，而在这样恶劣的天气中，梅花就是傲然绽放的，可以体现出梅花的不畏严寒。谁要与我们组交流？

生7：我要为你（生4）补充一下陆游的《卜算子·咏梅》，会背的同学跟我一起背。"驿外断桥边，寂寞开无主。已是黄昏独自愁，更著风和雨。无意苦争春，一任群芳妒。零落成泥碾作尘，只有香如故。"里面的梅花是无人爱惜、零落在风雨中的梅花，而生4所说的梅花则是在风雨中傲然绽放的梅花。

生4：谢谢你的补充。

生8：我要为生7补充。"驿外断桥边，寂寞开无主"体现的是梅花孤苦伶仃无人关注的景象，但正是这艰苦和恶劣的环境，凸显出了梅花的坚定。后面"已是黄昏独自愁，更著风和雨"，我在想，作者为什么不用"白日"，而用"黄昏"呢？我突然想起，古人曾经说过，"最难消遣是黄昏"。作者借黄昏交替的时刻，写出了梅花的独立与坚贞不屈。它不像其他花一样，只在春天绽放魅力。接着，作者在后面一句"无意苦争春，一任群芳妒"借梅花喻己，从而突出了自己宁愿落魄一生也不愿在官场中逢迎奸臣为五斗米折腰的精神。

（掌声）

生4：谢谢生8的补充！

生9：我还想要补充生8的发言，刚刚他提出了一个问题，为什么作者要写"黄昏"而不是"白日"呢？我觉得还有一个原因就是，古人对"圆月"和"落日"很感性，特别会想起故乡，涌起悲愁。比如说，苏轼的"明月几时有"，就是借明月抒发对故乡的思念。我想，陆游当时的感觉也是差不多的，因此，他一定要借黄昏时的梅花抒发自己。

师：渐入佳境，让我们在优雅的音乐中，继续我们的交流！

生4：从以上发言中，我要总结一下我和生3的发言：我爱梅花，爱梅花的傲雪斗霜；我爱梅花，爱梅花的坚毅不屈；我爱梅花，是因为它有品格，有骨气，有灵魂。我们的发言结束，下面有请生5发言。

生5：我要给大家分享的诗句是白居易的《长恨歌》中的"回眸一笑百媚生，六宫粉黛无颜色"。这首诗描写了唐玄宗与杨贵妃的爱情，也记载了历史上唐朝的一次动乱——安史之乱。这句诗虽然没有一个"花"字，但杨贵妃的美丽好似一朵花，一朵女儿花。回眸一笑百媚生，连后宫三千佳丽都没有了颜色。这一句描写了杨贵妃的美丽，但好景不长，安禄山叛乱，乱军逼玄宗处杨贵妃以绞刑。他们的爱情在悲剧中过早结束了。

当然也有传闻说,杨贵妃并没有死,而是秘密逃往了日本。

(掌声)

生1:下面由我来总结一下我们小组的发言。我们小组的梅花、桃花以及白居易描写的杨贵妃如花的美,这些花在各个方面,各有各的精神品质。我们小组发言结束。谢谢大家。

(掌声)

以上课堂片段实录是"印象语文"课堂交流的一般样态,这种样态一般出现在运用"印象语文"学习方式开展学习12～15个月的班级的学生中间。

我们来分析片段中参与分享对话的9位学生发言的内容与关注点。

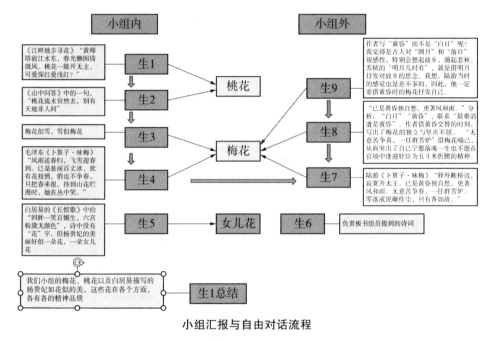

小组汇报与自由对话流程

由此图可发现学生在课堂交流的常态中既有"规矩",又有无处不在的"生成"。学生在小组学习的基础上,依据个人的学习的主题选择分类并做好发言的分工,小组汇报与组外补充对话自然、自由。顺着孩子们的表达我们似乎可以触摸到关于"花"之诗词在学生的心田与唇齿间那份恣意生长的态势,"我来分享……""你的分享触动了我的思考,顺着你的思考我想帮助大家对比一下……""你的发现又引起我的新联想……"每一轮交流与碰撞似乎都会给人一种错觉,这样的课堂分享时间过得太快,孩子们的表现太过精彩,这一切似乎都经历过无数次的彩排,每一句补充、每一声质疑似乎太过恰到好处……

我想说,这就是"印象语文"!

这就是我多年沉浸其中、无法自拔的真正原因，个中感受只有亲历者方能陶醉。

片段二：学到浓时生亦"师"——"连接"的力量

交流背景：延续上一段交流，另一组。

实录：

第二小组发言：生10至生15。

生10：大家好，我们小组由我第一个来发言。我要分享的诗句，请大家和我一起背。"宝剑锋从磨砺出，梅花香自苦寒来"。这花是梅花，在冬天独自开放的梅花，不经过磨砺是不会有芬芳的香气的。我们在生活中也会经历许多的磨砺，人生不可能一帆风顺，其中可能会遇到困难。任何事情都不会一帆风顺，但努力是不会欺骗人的。我们读到这句话时，眼前仿佛会出现白雪皑皑的景象，美丽的梅花却在其中开放，那样地美丽，那样地芬芳！下面有请生11发言。

生11：（投影自己所带来的教材，人教版五上《梅花魂》）请大家跟我一起读画线的句子，第13自然段。"这梅花，是我们中国最有名的花。旁的花，大抵是春暖才开花。她却不一样，愈是寒冷，愈是风欺雪压，花开得愈精神，愈秀气。"这句话可以看出梅花与其他花的与众不同，从刚刚生8的发言，我联想到了，别的花都只有在春暖花开的时候秀出自己的魅力，而梅花在寒冷的冬天盛开，展示了它的独特，它是多么地与众不同！我与生10的发言完毕，谁与我们交流？

师：就是要这样，课内、课外连成一片，从课外反过头来再回看课内，又有不同收获，然后再联系课外，反复这个过程。

（鼓掌）

生16：我也觉得，正是如此，梅花才会被古人列为岁寒三友中的一位。

生8：我来补充，岁寒三友是梅、兰、竹，而花中四君子是梅、兰、竹、菊。这些花都有着顽强的生命力，是中国精神的象征。

生17：我想纠正一下生8，岁寒三友是松、竹、梅。花中四君子是正确的，梅、兰、竹、菊。

生11：感谢大家的发言，时间所限，我们课下继续交流。下面有请生12和生13发言。

生12：接下来，我给大家出一个题目：松、竹、梅被称为岁寒三友，我准备了两首和它们有关的诗。你能猜出哪两首吗？请背出来。

师：有挑战者吗？

生17：我来猜一下吧。先背一下郑燮的《竹石》，"咬定青山不放松，立根原在破岩中。千磨万击还坚劲，任尔东西南北风"（众跟背）。再背一下陆游的《卜算子·咏梅》，会背的同学跟我一起背（众跟背）。

师：是啊，有的诗适合我们反复玩味，正如"夜来风雨声，花落知多少"，我跟大家一样三四岁的时候开始背，但是不同的年龄，每读一次，都有不同的收获。相信大家也是如此。话说回来，答案对吗？

生12：（笑）不对。好吧，我公布一个答案，《墨梅》，谁会背？

生18：我不是很会，但会背一点，愿意试一下。大家和我一起背吧。"我家洗砚池头树，朵朵花开淡墨痕。不要人夸好颜色，只留清气满乾坤。"（鼓掌）

生12：还有一首，谁能猜中？

生9：我记得有首描写松的诗，其中一句是"松柏有本性"，对吗？

生12：（笑）不对。下面有请生13公布答案。

生13：我要分享的是王安石的《梅花》，会背的和我一起背。"墙角数枝梅，凌寒独自开。遥知不是雪，为有暗香来。"这首诗讲述了梅花在墙角冒着严寒盛开，那些花都是在温室中盛开的花朵，梅花却是在冬天里开的，它比别的花更好看，因为它付出了更多的努力。下面有请生14为我补充。

生14："遥知不是雪，为有暗香来"，诗人把梅花和雪做比较，认为梅花像雪却比雪多了香气，想说的是梅花具有高洁的人格和伟大的魅力。下面有请生15发言。

生15：我想总结一下，我们从冒着严寒的梅花谈到了经历磨难的梅花，看出了梅花的百折不挠和坚持不懈的精神。

（执教教师张睿心语：我真的没有想到，第二个小组居然自备"文本"，而且还是上上学期学过的课文！天哪，老师不带课本学生带，天底下哪有这样的"道理"？然而，这的确成为现实）

师：好吧，最后一个环节了，总结一下，本堂课你有怎样的收获？

生19：现在，我还想说一说我发现的另一种花。这种花是比较奇特的，它出自杜牧的《泊秦淮》，"商女不知亡国恨，隔江犹唱后庭花"（众跟背）。这个花是"后庭花"。诗句的大意是卖唱的女子不懂什么叫亡国之恨，隔着江都能听到她唱《后庭花》的声音。《玉树后庭花》本是乐府民歌当中的一个曲子，后来被陈叔宝也就是陈后主改了词。当时陈王朝的处境非常危险，在改了之后，很快陈王朝就灭亡了。后来，杜牧也在他的诗中引用了这个典故，也是暗指歌女们唱着亡国之音的败象。

师：生19的历史知识非常丰富，试着说一说，经过了这一堂课，你有怎样新的收获、新的理解？

生19：我明白了花有三种：一种是可供观赏的草本植物，一种是内心中可以看见的、可以感受到的、用于表达感情的，还有一种是用花来暗指人或某种东西。

师：所以至少我们知道，一种是自然界的花，一种是文学中的花，是吧？文学中的花，我们称之为"意象"（板书此二字）。这好像是一个干巴巴的概念，但当同学的理解将它充实、将它丰富的时候，这个概念本身变得不重要了，而大家的理解，才是最重要的（擦掉刚刚的板书）。很好，继续交流。

生20：我来补充生19。诗中的花，既写出了花的美，又写出了作者的感情。在不同的花、不同的诗中，都能找出作者与花不同的情感，或者景象。

生21：我也收获到了，不同的花代表不同的精神。像梅花，不是开在温室中而是开在严寒里，代表了顽强的精神。菊花也是，它在秋风中孤独地开放，代表了一种高傲的精神。

师：对的，你（生21）这堂课也用实际行动证明了你不再是温室中的花朵。

生22：这堂课我知道了，每种花都有自己的精神品质。

生23：原来花不只有美丽的外表，还有美丽的内心。

师：我们把最后一个机会，让给生24（从不发言的学困生），好吗？（众点头默许）

生24：（结结巴巴）我觉得每一朵花也有自己的世界，每个人可能从一首诗里读出很多很多的意义，因为每个人理解的角度是不一样的。

师：每个人都有着自己眼中的世界。每个人，对这个世界，都既要理解它，又要贡献自己的理解。还有很多同学有话说，没关系，下午还有一堂课，我们继续交流！

（执教教师张睿心语：当听到孩子们总结的收获，尤其是花的三重含义以及最后一位学困生所说"每一朵花也有自己的世界"的时候，我震撼了。我深深地庆幸听从了欧阳校长的建议，给了孩子们更广阔的空间！"文本"真的动起来了，课堂真的活起来了）

以上片段我读了多次，每次读，感受也不尽相同，从开心愉悦到欣慰，从庆幸（庆幸张老师的敢于尝试、庆幸该班学生遇到这位"轴"劲十足的老师）到深思，回顾一年多前我见到的这班孩子，当日的情形跟如今的对比，这班"小书童"引经据典、侃侃而谈、思辨感悟、总结反思的样子，已然完全没有我们过往对城中村学校孩子们阅读少、思辨少的印象。

在这一片段中，我们可以在孩子们学习的过程中深刻体验"印象语文"提出的连接观。印象动态建构的过程在课堂形态的某一阶段也可以理解为"连接"的过程，就知识而言，连接新旧知、连接课内外；就人而言，连接生和师，连接生和生，连接文中人与我们，我们也试着用一个图来表达。

印象语文"连接观"

本课的教学设计创意集中体现在为学生提供了丰富的对话的可能，体现了印象语文的"连接观"。

（广州市天河区天府路小学 欧阳琪）

《花诗花境》教学设计及反思

【教材分析】

"花"是诗词中常见的词汇，也是诗词中常见的意象，同时它也可以是一条纽带，连接孩子们的课内外，连接孩子们的阅读域印象。

【学情分析】

学生已经有了比较丰富的诗词积累，他们需要的是阅读域印象的深化与拓展。因此，需要为他们创造充分的对话机会。

【教学思路】

本课拟使用印象语文的教学模式，自主探究、对话生成，引导学生建构自己的阅读域印象，并请学生反思总结自己的收获。

【教学目标】

（1）通过分享与对话，引导学生对诗词中"花"的印象持续深入地进行建构。
（2）通过反思总结，引导学生对诗词中"花"的印象进行深化和拓展。

【教学重、难点】

（1）对诗词中"花"的印象持续深入地进行建构。
（2）对诗词中"花"的印象进行深化和拓展。

【教学准备】

诗歌主题阅读篇目、PPT课件、课前小研究。

【教学过程设计】

教学环节	教师活动	学生活动	设计意图
飞花令	相机点评	自主开展飞花令	课前热身
百花齐放	给出支架："由你的诗句我联想到了＿＿＿＿＿＿＿＿＿＿，我要分享给大家的诗句是＿＿＿＿＿＿＿＿＿＿，（脱稿并有感情地诵读出来），这'花'是＿＿＿＿＿＿＿。"相机点评	小组讨论，合作学习 小组发言 集体交流	在对话和交流中，完成阅读域印象的建构与互补
一花一世界	给出支架："我要总结这堂课的学习收获！原来，诗词中的'花'不仅是（有）＿＿＿＿＿＿＿＿＿＿，还是（有）＿＿＿＿＿＿＿＿＿＿。"相机点评和总结	自由发言 总结收获	完成阅读域印象的深化

【教学反思】

"一花一世界",讲的是一个美丽、神奇而充满玄机的故事。《梵网经》上讲,卢舍那佛坐千叶大莲花中,化出千尊释迦佛,各居千叶世界中;其中,每一叶世界的释迦佛,又化出百亿释迦佛,坐菩提树下。须知,卢舍那佛是报身佛,是佛的智慧的人格化;而众所周知,释迦牟尼在菩提树下打坐悟道终而成佛,是为释迦佛。从接触这句禅语开始,我总是不满足于能寻求到的解释,而总是在不住地思索,就好像这故事的背后还提示着我们什么——好像和智慧有关,好像和学习有关,又好像和教学也有关。

而当我反思《花诗花境》综合学习课程时,我恍然大悟:"一花一世界",说的不正是孩子们当时认知的过程吗?所谓众生皆有佛性,每一个孩子,都是一个菩提树下打坐的悟者,而他们做的,不是冥思苦想,也不是白首穷经,相反,是交流,是丰富,是表达,是生成,是自然而然地脱口而出,而非不知其意地死记硬背,是充分对话后的心照不宣,而非人为意志下的千篇一律。千叶莲花,莲花千叶,象征的不正是这种不失共性的多元性吗?而身化万千世界中的亿万释迦的卢舍那,其实正是告诉我们,真正的智慧在于尊重并倡导学习者身上的主体性和多元性啊!

一花一世界,三人三笑语。

(广州市天河区天府路小学　张睿)

附:《花诗花境》教学视频

印象课堂：《那次玩得真高兴》

五环节印象表达，让学生经历习作全过程

印象语文自提出与研究以来，一直把阅读教学作为实施的重点。工作室的吕瑾老师认为，中年级是学生习作的起点年级，因而思考是否可以以印象语文的理念为基础进行习作教学，并做出了积极的探索。特别令人惊喜的是三年级"印象习作"《那次玩得真高兴》，学生以"印象"的回顾—表达—优化为线索，开启了有趣且丰富的"印象习作"探究之旅。本文以吕瑾老师的本次习作课为例，试着对印象习作的一般过程进行分析说明。

印象语文在阅读课堂中通常是"初印象—中印象—后印象"三环节教学，或是"初印象—中印象—深印象—后印象"的四环节操作模式。在习作课堂上则为"前印象—初印象—深印象—后印象—拓印象"五环节教学，学生会在五个环节的学习中经历"做—说—写—改"四个阶段的学习过程，历经"事件—画面—文字"三个阶段的印象建构载体。由此，回应我们在阅读教学中提出的"希望学生经历阅读的全过程"，习作同样可以经历"全过程"。

环节一：习作前印象——强调学生真实的经历，包括事件经历、活动体验、行动观察、阅读思考，重在真实、参与

习作内容：部编版三年级上册第八单元习作的主题"那次玩得真高兴"。

习作要求：回顾平时喜欢玩什么？哪次玩得特别开心、印象特别深刻？然后将它写下来。

吕老师与体育老师合作上了一节游戏课，这节游戏课，让学生玩学过的两种游戏："真假地雷""渔夫捕鱼"。

游戏开始前，吕老师提议："今天的游戏课有些特别，你自己感受一下，你玩得最开心的是什么时候？你也去观察一下别人玩得最开心的是什么时候？"

体育老师组织学生分组玩游戏。学生立即兴奋地进入游戏情境，调动身心参与体验。他们欢声阵阵，脸上洋溢着纯真、幸福的笑容。此时丰富、快乐的身体语言诉说着游戏的幸福。活动中吕老师及时拍了短视频与照片。

环节二：习作初印象——强调事件（活动）回顾，重在学生感受

选材碰撞初印象：指导课上，吕老师带着学生回看游戏照片、短视频，学生们兴奋地讨论开了。

师：上节课你们玩游戏玩得开心吗？你喜欢哪个游戏？
生1：我喜欢"渔夫捕鱼"，前一次体育课我们玩的也是"渔夫捕鱼"。
生2：我喜欢"真假地雷"，他们都抓不到我。
生3：我先玩的是"真假地雷"，后来又去玩了"渔夫捕鱼"，我更喜欢玩"渔夫捕鱼"。
师：为什么呢？
生1：因为我们几个做渔夫，我们手拉手一过去，同学们——那些小鱼儿们就吓得四散而逃。
生2、生3（略）
师：看来你们都玩得很尽兴。我们课本中提议"把你玩的过程像放电影一样在脑海里回想一遍"，跟他玩同一个游戏的同学集中到一起，大家分享一下你们的"大片"吧。

环节三：习作深印象——强调细节、画面描述，重在落实习作要求中的要素

（1）小组交流：跟自己玩同一个游戏的同学集中到一起，分享大家的"大片"。
（2）经过一番同组讨论，学生们开始汇报"玩"中的印象。
师：哪个团队先来汇报？好的，我们先请玩"渔夫捕鱼"的同学上来汇报一下，哪些同学愿意上台来说？好的，先请你们几个汇报，其他组员可以在自己的位置上补充一下，让大家的印象更深刻。

师：在游戏中，哪些地方让你印象特别深刻？
生1：我躲起来了，他们都没抓到我。
生2：我们小组玩"渔夫捕鱼"，吴同学一直在喊"我是一条八爪鱼"，所以，我们就专门去抓他了。

师：你留意到他的语言，你真是个小小录音师！你留意到他的身体在做什么动作？你们又是怎样去抓的呢？

生3：他特意张牙舞爪地挥动手臂，模仿八爪鱼。我拉着张同学和郑同学的手，也张开手臂去追他，他见情况不妙，就逃了。

师：哎呀，你用特写镜头捕捉了这一切，真是精彩呀！还有哪些录音师、摄影师捕捉了新镜头？来汇报一下吧！

生4：我们"捕鱼"很不顺利。我们是三个人手拉手做"渔网"的，结果我们都想着去捉旁边的"鱼"，三个人一扑，我们的"渔网"就破了。

师：你当时是怎么想的呢？

生4：我想大家得齐心协力才能捕捉到鱼。我们就一起规定好去捕谁，这样我们一起行动就抓到鱼了。

师：你懂得记录想法，所以有了非常棒的游戏印象。

师：玩"真假地雷"游戏的团队来汇报一下。

生5：我一开始是做找地雷的，我刚向着徐同学跑过去，他就说"地雷"，我问"是真是假"，他马上说"是真的"，我只好跑开去找别人了。我看到远处吴同学没有防备，我马上溜到他身边问他，他没反应过来说了句"假的"，我趁他愣神，一把就抓住他了，他就乖乖去做找地雷的了。

生6：陈同学做地雷好讨厌，每次我问她是真是假，她总是要磨蹭一下，说说这，说说那，然后趁我不注意，她说"假的"，然后就溜掉了。

师：她怎么磨蹭的，说了什么呢？小电影放一放。

生6：她说"不急不急，让我好好回忆一下，我上星期是什么呢？我昨天是什么呢？"她说她失忆了，然后我逼问她，她就扮可怜，后来她就突然说"假的"了。所以，后来，我都不去找她了。

生7：是呀，她每次都满脸狡猾。

师：你怎么知道她狡猾？

生7：她装得傻傻的，然后说"假的"时，突然两眼放光，然后就开溜了。她又跑得快，我追不上。

师：后来，你玩得开心吗？

生7：我急了，就专找跑得慢的，像亓同学、江同学这几个，基本上能逮住了，我每次看得很准，很过瘾。

师：从你们的描述中我感受到你真快乐。大家交流到这里，发现我们可以怎样去描述玩的过程呢？

生8：（看板书）可以写写大家说的话，描写动作，写写当时的想法。

环节四：习作后印象——强调文章结构，写作顺序，重在建立篇章意识

本环节在这节课上未呈现。在实际操作中，教师可以以本单元课文为范例，引导学生关注习作顺序，最好能提出两种以上的文章结构供学生选择练习。篇章结构暂时不是中年段学生习作练习的重点，但学生在前期的阅读体验中已有较多的篇章阅读经验，此时引导学生适当关注结构，即可增强学生完成习作的成就感，也可为高年段学生攻克习作难点奠定基础。

环节五：习作拓印象——强调互评互改、自评自改，重在互评、自评中提升

统编版教材在习作设计中特别注重学生之间的分享交流，在分享交流中进行自主修改。吕老师在初步批阅了学生的初稿后，将草稿本发给四人小组，由小组长组织交流。大家各自读出自己的习作，就组员的习作进行提问与评价。之后各自回看自己的习作，进行自我修改，注重了评改的过程，学生有明显的提升。

> 师：你们在小组交流中，得到哪些同学的指点，有哪些收获？
> 生9：黄同学说我的习作没有把"找地雷"的动作写出来。
> 师：那你现在加了什么呢？
> 生9：我加上了"我左看右看，看到一颗停下来的'雷'，我撒开腿就冲上去"。
> 师：这个"撒开腿"改得好。
> 师：下课时间就快到了，请同学们回去继续对照自己的习作是否写清楚玩的过程，是否表达出当时快乐的心情。然后把它修改好，誊写在作文本上。

综合以上课例，我们在印象语文之书面表达系列上可初步做出五个环节的基本结构。环节设计依据学生习作心理发展过程，每个环节有不同的侧重，既紧紧围绕年段习作特征，又努力突破小学生在实际习作中存在的问题。最关键的是，我们五个环节的设计带领学生完成从记忆感觉表象到画面陈述，再到文字描述的过程，这些变化中承载信息的是不同的载体，学生往往不能主动转换，印象习作正是以此为切入口，引导学生经历信息载体转换的全过程。

印象语文在习作课上的有益尝试不但拓宽了我们对印象语文实践研究的范

畴，也给我们提供了从印象语文课程观的角度构思习作教学框架的新思路。让学生经历阅读与习作的全过程是否就是语文学习的全过程？答案显然不是。我们从阅读到习作，再到小学语文学习中的其他基础部分，都将会以"印象"视野去审视与探索。

（广州市天河区天府路小学　欧阳琪）

《那次玩得真高兴》教学设计及反思

【教材分析】

这是三年级上册第八单元的习作，习作主题是"那次玩得真高兴"，要求把一次玩的过程写下来，并表达出当时快乐的心情。这是本套教材第一次要求记事，写亲身经历的一件事，这使学生能不拘形式地写下真实的经历与感受。对于本次习作，选材是关键。

【学情分析】

在前七个单元习作中，学生学习了观察小伙伴，学习了调动不同感官感知事物，比较细致地观察一种事物和一处景物。习作时能流畅表达，习作后乐于分享与评价，并对下一次写出一篇优秀习作有很大的期待。

【教学目标】

（1）能不拘形式地写下事情过程，正确使用标点符号。
（2）能试着用修改符号修改自己的习作。
（3）运用观察方法，逐步深入地表达游戏的过程，展现鲜明快乐的印象。
（4）能表达当时快乐的心情，乐于分享与交流。

【教学重、难点】

（1）运用观察方法，有顺序地表达游戏的过程。
（2）表达鲜明快乐的印象。

【教学准备】

（1）与体育老师合作，她先上一节游戏课，让学生再次玩学过的两种游戏："真假地雷""渔夫捕鱼"。

（2）拍活动照片、小视频。

【教学过程设计】

教学环节	教师活动	学生活动	设计意图
身体参与建构"初印象"	导引：今天的游戏课有些特别，你自己感受一下，你玩得最开心的是什么时候？你也去观察一下别人玩得最开心的情形	1. 分组游戏 2. 进入游戏情境，调动身心参与体验	身体与情绪加入游戏过程，形成鲜明印象。活动中及时拍短视频与照片用于课堂分享
选材碰撞"初印象"	1. 游戏课上你们玩得开心吗？你喜欢哪个游戏 2. 按课本中的提议"把你玩的过程像放电影一样在脑海里回想一遍" 3. 回看当时的照片及小视频	跟自己玩同一个游戏的同学集中到一起，分享大家的"大片"	建设真正意义上的"学习共同体"，开展同一话题的交流。大家互相倾听、碰撞游戏中的感受
彼此交流"中印象"	1. 在游戏中，哪些地方让你印象特别深刻 2. 哪些同学是小小录音师，能留意同学们游戏中的语言 3. 哪些同学是镜头高手，交流一下游戏中同学们的动作、神态	1. 汇报 2. 互动交流 3. 根据板书小结：可以写写大家说的话，游戏动作和当时的想法	倾听交流、互相激发，加深事件印象。感受到捕捉语言、动作、神态是有成就的事情，在聚焦描写中充分体现了"真快乐"
评议交流"后印象"	1. 请大家分享交流各自的习作 2. 你们在小组交流中，得到哪些同学的指点，有哪些收获	1. 四人小组分享交流 2. 互相提问，进行自主修改 3. 回顾收获	在分享中对照自己的习作是否写清楚玩的过程，是否表达出当时快乐的心情

【教学反思】

本次习作教学借鉴欧阳琪校长"印象语文"的教学理念，重视分享与对话，形成表达域印象的动态建构。建构事件的"初印象"中，用"哪些同学是小小录音师？""哪些同学是镜头高手"为问题引线，引导学生一步步提炼出"中印象"。他们在交流中更注重去谈游戏时伙伴的玩笑语，及耍小聪明、抖机灵等特写情景。在互动交流、互为评价中，升华形成鲜明的"后印象"。同学们感受到，说清楚游戏时大家的语言、动作、神态，"真快乐"这一主题就自然水到渠成了，不需要写"我玩得真开心"就能意蕴丰富地表达快乐。整节课有大面积的同学分享、对话，这是一个丰富的内在碰撞、升华，语言不断互为完善的过程。在互相评议初稿中，小组的组织系统充分发挥了作用，你读我问，你评我改，这样的习作"后印象"是集体智慧的凝聚。

在评价交流阶段，我还通过拍图转文字的方式，把同学们的好文章快速打印，张贴出来。同学们特别踊跃地围看大家的习作，看到有趣的表达掩嘴而笑，互相打趣。这样展示交流，形成了本单元习作的"终印象"。好的文章我还发到班级 QQ 群，让家长也了解孩子们写作的情况，互为借鉴。家长们反映，特别喜欢这样的习作交流方式。

本课教学遗憾的是小组交流，互评互改的时间不够充分，我只能让他们小组四个人传看，他们互相听了建议，但没有充分时间去自己修改，只能带回去再改了。

（广州市天河区天府路小学　吕瑾）

附：《那次玩得真高兴》教学实录

一、"印象习作"的初探索

回看游戏照片、短视频，学生们又兴奋起来。

师：上节课你们玩游戏玩得开心吗？你喜欢哪个游戏？
生1：我喜欢"渔夫捕鱼"，前一次体育课我们玩的也是"渔夫捕鱼"。
生2：我喜欢"真假地雷"，他们都抓不到我。
生3：我先玩的是"真假地雷"，后来又去玩了"渔夫捕鱼"，我更喜欢玩"渔夫捕鱼"。

师：为什么呢？

生1：因为我们几个做渔夫，我们手拉手一过去，同学们——那些小鱼儿们就吓得四散而逃。

师：看来你们都玩得很尽兴。我们课本中提议"把你玩的过程像放电影一样在脑海里回想一遍"，跟他玩同一个游戏的同学集中到一起，大家分享一下你们的"大片"吧。

二、彼此交流"中印象"

小组交流：跟自己玩同一个游戏的同学集中到一起，分享大家的"大片"。

（彼此交流）

师：哪个团队先来汇报？好的，我们先请玩"渔夫捕鱼"的同学上来汇报一下，哪些同学愿意上台来说？好的，先请你们几个汇报，其他组员可以在自己的位置上补充一下，让大家的印象更深刻。

师：在游戏中，哪些地方让你印象特别深刻？

生1：我躲起来了，他们都没抓到我。

生2：我们小组玩"渔夫捕鱼"，吴同学一直在喊"我是一条八爪鱼"，所以，我们就专门去抓他了。

师：你留意到他的语言，你真是个小小录音师！你留意到他的身体在做什么动作？你们又是怎样去抓的呢？

生3：他特意张牙舞爪地挥动手臂，模仿八爪鱼。我拉着张同学和郑同学的手，也张开手臂去追他，他见情况不妙，就逃了。

师：哎呀，你用特写镜头捕捉了这一切，真是精彩呀！还有哪些录音师、摄影师捕捉了新镜头？来汇报一下吧！

生4：我们"捕鱼"很不顺利。我们是三个人手拉手做"渔网"的，结果我们都想着去捉旁边的"鱼"，三个人一扑，我们的"渔网"就破了。

师：你当时是怎么想的呢？

生4：我想大家得齐心协力才能捕捉到鱼。我们就一起规定好去捕谁，这样我们一起行动就抓到鱼了。

师：你懂得记录想法，所以有了非常棒的游戏印象。

师：玩"真假地雷"游戏的团队来汇报一下。

生5：我一开始是做找地雷的，我刚向着徐同学跑过去，他就说"地雷"，我问"是真是假"，他马上说"是真的"，我只好跑开去找别人了。我看到远处吴同学没有防备，我马上溜到他身边问他，他没反应过来说了"假的"，我趁他愣神，一把就抓住他了，他就乖乖去做找地雷的了。

生6：陈同学做地雷好讨厌，每次我问她是真是假，她总是要磨蹭一下，说说这，说说那，然后趁我不注意，她说"假的"然后就溜掉了。

师：她怎么磨蹭的，说了什么呢？小电影放一放。

生6：她说"不急不急，让我好好回忆一下，我上星期是什么呢？我昨天是什么呢？"她说她失忆了，然后我逼问她，她就扮可怜，后来她就突然说"假的"了。所以，后来我都不去找她了。

生7：是呀，她每次都满脸狡猾。

师：你怎么知道她狡猾？

生7：她装得傻傻的，然后说"假的"时，突然两眼放光，然后就开溜了。她又跑得快，我追不上。

师：后来，你玩得开心吗？

生7：我急了，就专找跑得慢的，像亓同学、江同学这几个，基本上能逮住了，我每次看得很准，很过瘾。

师：从你们的描述中我感受到你们"真快乐"。大家交流到这里，发现我们可以怎样去描述玩的过程呢？

生8：（看板书）可以写写大家说的话，描写动作，写写当时的想法。

三、评议交流"后印象"

请大家分享交流各自的习作。四人小组分享交流，互相提问，进行自主修改。

师：你们在小组交流中，得到哪些同学的指点，有哪些收获？

生9：黄同学说我的习作没有把"找地雷"的动作写出来。

师：那你现在加了什么呢？

生9：我加上了"我左看右看，看到一颗停下来的'雷'，我撒开腿就冲上去"。

师：这个"撒开腿"改得好。

师：下课时间就快到了，请同学们回去继续对照自己的习作是否写清楚玩的过程，是否表达出当时快乐的心情。然后把它修改好，誊写在作文本上。

（广州市天河区天府路小学　吕瑾）

印象课堂：《鱼游到了纸上》

印象语文的朗读积累与课堂联想

学生的语文素养需要日积月累，印象语文在强调阅读分享与对话的同时，同样重视指导学生在朗读的过程中培养语感，着力引导学生在课堂分享中打通课内外、课前后。本文以广州市天河区天府路小学教师申瑶瑶的2018年度"一师一优课，一课一名师"活动部级优课《鱼游到了纸上》为例，陈述印象语文在课堂交流中的朗读积累策略与课堂联想策略的具体操作方式。

一、朗读积累策略

（实录片段）

师：是啊！一位普通而又优秀的聋哑青年就这样随着文字走进我们的心里。文章到底是什么打动了我们？我们不妨走进文本去一探究竟，积累文中的好词佳句。

师（示范）：我想积累的是第8自然段的这句话，愿意读的可以跟我一起读："大家赞叹着，议论着，唯一没有反应的是他自己，他好像和游鱼已经融为一体了。"我积累的理由是：作者运用一系列的动作和神态描写还加以想象，传神地刻画了一位专心致志的青年形象。请同学们像老师一样分享你的读书感悟。

生1：请大家跟我一起读："他老是一个人呆呆地站在金鱼缸边，静静地看着金鱼在水里游动，而且从来不说一句话。一看就是一整天，常常忘了吃饭，忘了回家。"我积累的理由是：作者抓住聋哑青年的神态来体现他忘我的投入，"呆呆地""静静地"用的特别质朴传神。

生2：我也想积累这句话："他老是一个人呆呆地站在金鱼缸边，静静地看着金鱼在水里游动，而且从来不说一句话。一看就是一整天，常常忘了吃饭，忘了回家。"我积累的理由是：这句话的动作描写非常细腻，写出了青年专注看画的品质，所以我非常喜欢。谁也喜欢这一句，可以与我交流?

生3：谢谢你的分享，我想积累这一句，但我的理由是：从这一句的"一看就是一整天"，我看出他还非常执着，都顾不上吃饭和休息，这一点我是做不到的。（生笑）

生4：请同学们跟我一起朗读："他有时工笔细描，把金鱼的每个部位一丝不苟地画下来，像姑娘绣花那样细致；有时又挥笔速写，很快地画出金鱼的动态，仿佛金鱼在纸上游动。"我积累的理由是作者描写聋哑青年描写得非常传神，不仅写了看到的，还写了想到的。谁与我交流？

生5：谢谢你的分享，我想补充，我也喜欢这一段，文章还运用了生动形象的比喻来描绘聋哑青年画鱼技巧的高超。

师：很多同学都被这段话所吸引，大家发现吗？描写人物的动作，不仅可以写看到的，还可以写想到的，这样表达更加具体形象。看来真是好语言重在积累，越积累越精彩。请大家把你想积累的部分朗读或背诵给同桌听听。（生自主积累）

评析：本片段教师通过示范，引导学生朗读自己想积累的句子，并说明积累理由来引导学生在朗读分享中积累词句。积累是语言类学习极重要的内容，比起过去犹抱琵琶半遮面的积累方式，申老师明确告诉学生语文学习要坚持积累，把自己想积累的句子分享给同学，力争培养学生在阅读中积累的习惯。尽管这节课部分学生在朗读分享中很凑巧地选择了同一个句子，但也给了我们新的发现，即便是同一个句子，孩子们在反复的朗读后分享着自己不同的积累理由，其实也是从不同的角度解读文本，分享不同的主题建构方式。

本环节主要体现了印象语文的阅读积累操作流程，即：教师示范—学生尝试—教师点拨—同桌（小组）交流。

二、课堂联想策略

（实录片段）

（一）引导联想

师：边读边展开想象也是一种非常有效和有趣的读书方法。申老师在读到"他有时工笔细描，把金鱼的每个部位一丝不苟地画下来，像姑娘绣花那样细致"时，我就想象：青年在细致地勾勒着鱼的眼睛，一笔、两笔，鱼儿的眼睛仿佛活起来了，他的嘴角也扬起了微笑。我还联想到徐悲鸿善于画马，为了画好马他学习马的解剖，熟习马的性情脾气，所以才能逼真地描绘出马的飒爽英姿。你们呢？不妨也去文中找找能激发你想象的点并展开想象和联想。

生1：鱼的嘴巴也非常难画，青年一定观察了好久，我想象他一站就是一整天，腿也站麻了，腰也站累了，口也站渴了，却全然不顾。

师：你能想象青年观鱼的细节，感受青年执着的品质，真好！

生2：我想到自己平时也喜欢看鱼、画鱼，却没能达到聋哑青年这一忘我的境界，比起他的执着，我真是汗颜。

生3：你已经很不错啦，都是我们班的大画家了。（生鼓掌）

师：是呀！能联系生活实际谈感受和反思，这就证明你在成长进步。为你点赞！我们平时阅读的课外书籍当中也有相同品质的代表人物吗？

生4：有，我从"他已经和游鱼融为一体了"联想到的是达尔文，他为了研究昆虫用尽了各种办法，废寝忘食、专心致志。

生5：我从青年的"忘记了吃饭、忘记了回家"这种刻苦勤奋的品质中想到了祖逖闻鸡起舞、孙敬头悬梁锥刺股的故事，都是为了实现自己的理想。

师：同样的品质，你们能联系到课外知识中的名人，触类旁通，真会读书呀！

生6：说到忘我，雕塑大师罗丹也是这样的人，为了完成他的雕刻，朋友来他家做客他都给忘了。

生7：文与可画竹也是如此，冒着雨观察，竹子才能画得惟妙惟肖。

师：正是因为聋哑青年长期认真观察，勤奋专注地画鱼，才能将鱼活灵活现地描绘出来。古有文于可"成竹在胸"，今有聋哑青年"画鱼入心"。（出示小练笔）

想象说话写话：（加入人物动作、神态、话语等细节描写让人物更鲜活）

围观的人赞叹着，议论着：

一位_____的小姑娘，_____。
一位_____的画家，_____。
一位_____的商人，_____。
一位_____的外国人_____。

生8：一位俏皮的小姑娘说："我从来没见过这么美的画，真是赏心悦目呀！"

生9：一位外国人看到青年的画作激动地挥舞着双手："真是太棒啦，惟妙惟肖啊！画出来的鱼栩栩如生，中国人太棒啦！"

生10：一位有经验的画家瞪大了他的眼睛深吸了一口气："我画了10年的画都画不出这么栩栩如生的画，真是太棒啦！"

生11：理解了，金鱼的形象已经深入青年心里再透过笔尖游到纸上。

生12：先游到心里，心中胸有成竹才能活灵活现的游到纸上去。

师：真好，孩子们！今天我们通过"自主积累+边读边想象"的读书方法，感受了作者笔下这位不普通的普通青年人。

（二）练习联想

师：请同学们运用"自主积累+边读边想象"的读书方法来阅读《假如给我三天光明》文段，完成批注。

生13：请大家跟我齐读："突然海伦触电似地停住挣脱，停住呼吸，她全神贯注于手掌中的拼字。'水'从她掌心输入脑海，烙印心眼。水！刹那间，她脸上闪耀出顿悟的光辉。"我抓住关键字"触电似地""全神贯注""烙印心眼""刹那间"感受到海伦突然领悟什么是水时的惊喜，想象她一定会手舞足蹈，恨不得告诉世界上的万事万物！

生14：请大家关注第五段和我一起读："海伦的生命似从梦中惊醒。她坐在地上笑着、叫着，用拳头捶地。安妮蹲下把她拥在怀里。时光宝贵，海伦匆促地挣脱，用手再度拼着，她要求'快拼'，要求安妮快快教她。"我体会到她学会拼写单词后的狂喜，那种喜悦有点像我掌握了一种解题方法后，激动得想多做一两套试卷的感觉。

师：由于时间关系，我们今天先交流到这里，这节课老师和大家一起学习与运用的"自主积累+边读边想象"，希望大家能学以致用。最后，我们一句话来说说学习《鱼游到纸上》这篇课文的收获。

生15：凡事都需要全情投入，细心观察，这样才能成功！

生16：有梦想就一定要追，万一实现呢？

生17：就算有缺陷也不能放弃自己的梦想。

生18：我从写法上收获正面与侧面描写都很重要，让人物更加立体饱满。

评析：本节课充分体现新采用印象语文模式上课的老师如何引导学生积累和联想的操作策略。

教师还是通过示范，引导学生在阅读的过程中联系生活，联系之前的阅读体验，从而丰富印象建构的内涵。教师随后相机出示进一步联想的支架，引导学生想象画面中其他人物的所思所言。联想策略在印象语文的课堂操作中，一定要把握两个目标，一是引导学生打通课内外、课前后，帮助学生在学习过程中建立起自己的表达支架；二是带领学生在把书读薄的同时也把书读厚。一直以来，我们的语文课堂交流大多在抽象、概括上下功夫，虽然业界一直有对"唯一答案"现象的深度讨论，但在大量的课堂实践中，我们看到教师引导孩子们交流思考问题时，总是难免进入"就那么几个词"的尴尬。印象语文的课堂联想策略正是希望可以引导学生以不同的方式表达对语言、人物、事件的理解。

本环节主要体现了"印象语文"的课堂联想操作流程，即：教师示范—学生尝试—出示表达支架—再次建构主题印象。

（广州市天河区天府路小学　欧阳琪）

《鱼游到了纸上》第二课时教学设计及反思

【教材分析】

人教版小学语文课本四年级下册，第七组教材以"认准目标 不懈努力"为专题，其中，精读课文《鱼游到了纸上》按事情发展的顺序，以青年人"特别"的举止为线索，介绍了一位勤奋专注、画技高超的残疾青年看鱼画鱼的情形，让读者由衷产生敬佩之情，无不为其精神所感动。文章的明线是聋哑青年看鱼、画鱼的经过，暗线则是作者对青年的情感变化，由开始的欣赏、误解到了解情况后由衷的敬佩。

【学情分析】

四年级的孩子正好处在从低年级向高年级的过渡期，他们的思维形式由形象思维向抽象思维过渡，但形象思维占主导。本学期，学生在教师主动"将课堂还给学生"理念的引导下，在抓关键词句品析句子方面有了很大的进步，课堂上经常能听到一些学生对于文本的独特理解和联想。学生在第一节课的学习中已经能正确地概括课文的主要内容，学习生字词并熟读课文。

【教学思路】

本节课，教师将通过对阅读方法的指导，激发学生对文本的独特感受。创设情境，引导学生在主动积极的思维和情感中深化感悟、发展思维，促进语言建构，并在生生、师生的思维碰撞中产生更多个性化的思考。

【教学目标】

（1）通过自读自悟，自主积累描写聋哑青年外貌、神态、动作并加以想象的词句，感悟青年的优秀品质。

（2）通过运用"边读边想象"的阅读方法，理解鱼"游到了纸上"和"游到了心里"之间的关系，体会作者将普通人写得不普通，给读者留下深刻印象的写法。

【教学重、难点】

（1）通过自读自悟，充分交流，自主积累描写聋哑青年外貌、神态、动作并加以想象等词句，深刻感悟青年的优秀品质。

（2）习得"自主积累＋边读边想象"的读书方法，并试着迁移运用。

【教学准备】

课前"小研究"和PPT。

【教学过程设计】

教学环节	目标及内容	教学策略（情境、模式、方法等。注意学生学习方式设计）	评价与落实（量表、作业、表现性评价内容等）	时间分配
一、整体感知——青年形象	1. 引导用简洁的语句概括文章的主要内容 2. 整体感知青年形象	1. 引导用最简洁的语句概括文章的主要内容 2. 带着自己的理解齐读课题——《鱼游到了纸上》，文章中的这位青年给你留下了怎样的印象	1. 用最简洁的语句概括文章的主要内容 2. 对聋哑青年有自己独特的感悟	5分钟

（续表）

教学环节	目标及内容	教学策略（情境、模式、方法等。注意学生学习方式设计）	评价与落实（量表、作业、表现性评价内容等）	时间分配
二、阅读方法运用 （一）自主积累语言	1. 师示范引导 2. 学生思考，指名回答，在汇报时鼓励其他同学与发言者交流 3. 同桌互助积累	我想积累的是第____自然段的这句话（这些词），愿意读的可以跟我读：_____。 我积累的理由是：_____。	1. 能产生和谐、高效的生生、师生互动 2. 学生能抓住关键词句谈积累的理由 3. 同桌之间能主动互助积累	15分钟
（二）边读边展开想象	1. 师举例引导 2. 生深入文本，寻找能激发共鸣的点，展开想象和联想 3. 小组内交流意见，碰撞火花 4. 代表汇报，学生可及时补充 5. 小结读书方法，适机引导理解："鱼游到了心里"和"鱼游到了纸上"之间的关系	预设一：感知想象能让表达更加具体形象 "他有时工笔细描，把金鱼的每个部位一丝不苟地画下来，像姑娘绣花那样细致；有时又挥笔速写，很快地画出金鱼的动态，仿佛金鱼在纸上游动。" 预设二：通过生生承接读，大胆想象画面，感悟"鱼游到了心里"。 "他老是一个人呆呆地站在金鱼缸边，静静地看着金鱼在水里游动，而且从来不说一句话。一看就是一整天，常常忘了吃饭，忘了回家。" 预设三：想象人物动作、神态、话语等细节描写，让人物更鲜活。 "围观的人越来越多，大家赞叹着，议论着，唯一没有反应的是他自己。"	1. 感知想象能让表达更加具体形象 2. 能运用"边读边想象"的阅读方法，理解鱼"游到了纸上"和"游到了心里"之间的关系 3. 大胆想象人物动作、神态、话语等细节描写，让人物更鲜活 4. 能通过文本联想到课外阅读知识，打通课内外联结	15分钟

（续表）

教学环节	目标及内容	教学策略（情境、模式、方法等。注意学生学习方式设计）	评价与落实（量表、作业、表现性评价内容等）	时间分配
三、迁移阅读方法（可作为家庭作业布置）	运用"自主积累＋边读边想象"的读书方法来阅读《假如给我三天光明》文段，完成批注	运用"自主积累＋边读边想象"的读书方法来阅读《假如给我三天光明》文段，完成批注	能灵活运用"自主积累＋边读边想象"的读书方法阅读	5分钟

【教学反思】

本节课主要通过对"自主积累＋边读边想象"的阅读方法指导、引领和点拨，激发学生对文本的独特感受。第一，建议老师们课堂上要创设情境，引导学生在主动积极的思维和情感中深化感悟、发展思维，给予孩子们充分的想象空间和表达时间，让孩子们饶有兴致地走入文本探寻想象点。促进语言建构，聚焦教学目标，优化小学语文课堂教学。第二，语文课堂教学的改善，"教学内容的相对集中"是一个关键点，教学要注重核心环节，聚焦核心的教学内容。将教师"教的活动"为中心的课堂转变为以学生"学的活动"为中心，给学生充分的时间和空间进行充分的表达和交流，让每一个学生都能获得共同的学习经验。

(广州市天河区天府路小学　申瑶瑶)

附：《鱼游到了纸上》教学视频

印象课堂：《带刺的朋友》

印象语文的学习路径：基于《带刺的朋友》一课的分析

刚调入天府路小学的新教师龚娇娇在入校三个月后执教第一次研讨课，我非常诧异——她对与印象语文课堂的基本操作已经有模有样了。印象中，我还未专门点拨过她的课，她好像是来听过我的几次课。这么短的时间，她是怎样做到的呢？我非常好奇，于是请她把这节课的实录和她自己写的教学反思发给我，我想试着去发掘她关于印象语文的学习路径。

路径一：建立学生的逻辑架构

> 说到印象语文，第一次接触是在今年9月欧阳琪校长的课堂上，当时觉得很新鲜，也很奇妙，学生完全不是靠老师带着走，而是有一套自己的逻辑架构。课堂上，学生没有走神，而是不断地产生思维碰撞的火花，学生们乐于表达，也很会表达。再后来又有幸多听了好几节欧阳校长和张睿老师的课，原本我一直很苦恼的如何提高课堂效率这个问题，好像一下子豁然开朗了，因此激发了我打开印象语文这扇大门的兴趣，于是就有了这次印象语文课的初体验。
>
> ——摘自龚娇娇的教学反思

龚老师悟性极高，"建立学生的逻辑架构"，说得好！印象语文正是期望学生能在语文话题的印象建构中，帮助学生建立自己的思维逻辑，表达逻辑。

《带刺的朋友》一课选自部编版语文三年级上册第七单元，节选自宗介华的散文《带刺的朋友》。这篇文章篇幅不长，语言朴实而生动，本单元语文要素是"感受课文生动的语言，积累喜欢的词句"。

路径二：印象比较中主动实现印象建构与发展

师：同学们，你以前在哪里"见"过刺猬？刺猬给你留下了什么印象？

生（发言集）：我曾经养过刺猬，它长得灰灰的，刺软软的，很可爱；我在动物园见过刺猬，它很胆小，经常躲在洞里不出来；我在故事书里也见过刺猬，我知道它的刺可以用来保护自己；我觉得刺猬有些可怕，因为它的刺很尖，会扎人……（孩子们不愧是小动物的天然粉丝，一个个说起刺猬来真是滔滔不绝）

师（引导）：文中的刺猬跟你原来印象中的一样吗？为什么？（让学生带着这个问题，整体感知全文，并结合相关语句说明理由）

生5：文中的刺猬跟我印象中的不一样，我从文中的刺猬偷偷摸摸地摘枣感觉到它很厉害，像个神偷一样动作娴熟，并不胆小。

生6：文中的刺猬跟我印象中的一样，它的刺不仅能保护自己，还能用来偷枣，真是多功能啊！

生7：文中的刺猬跟我印象中的不一样，我从"它打了个滚儿就把红枣全扎在背上"感觉文中的刺猬很聪明，这个办法能快速把枣全扎到，很高明。

（教师感受：学生的回答有些惊喜到了我，没想到学生在课前对于刺猬就已经有了一定的印象，并能将初读整体的感知与已有的初印象相联系，并自然而然地将两者进行关联、对比）

——摘自龚娇娇的教学实录

龚老师关于"阅读初印象"的初次成功尝试不但坚定了"印象语文"相信学生具有学习潜力的基本理解，更以"文中的刺猬跟你原来印象中的一样吗？为什么？"这一问题引导学生关注自身的印象发展，在引导学生比较印象异同中暗示学生在阅读中主动建构、发展关于刺猬的印象，为接下来的学习打下思维方向的基础。

路径三：阅读连接与有效回应

师：你觉得课文哪里写得最有趣？为什么？把你印象最深的地方圈画出来，组内交流。

生1：请大家关注第2自然段，我从刺猬"缓慢地往树上爬"感受到这只刺猬鬼鬼祟祟地，像个小偷一样，谨慎地爬上树，生怕被枣树主人发现。我觉得这只刺猬像人一样机警。

师：你真会关注细节。大家还注意到这只刺猬别的"爬"了吗？

生2：第5自然段还有"刺猬仍旧诡秘地爬向老树杈"。

师：诡秘？又是一个新鲜词，猜猜什么意思？

生2：我联系上下文，刺猬怕被人发现，肯定得小心翼翼地，所以，我猜"诡秘"应该是"小心、偷偷"的意思。

师：嗯！你可真会猜。为什么要诡秘地爬，像刚刚那样缓慢地爬不就行了吗？

生1："诡秘"更能体现小刺猬的聪明、小心翼翼。

师：嗯，你们想的跟作者一样，大家通过朗读来读出作者的用意吧！

生3：老师，我在第10自然段还发现了刺猬"匆匆地爬来爬去"。我感觉这只刺猬偷枣成功了，得赶紧逃离现场，免得被人发现了就前功尽弃了。

师：你不光看得远，还有自己的推理，真不错！大家来大胆预测一下，刺猬还有可能是因为什么原因要"匆匆"呢？

生4：可能是着急回家跟朋友炫耀今天的成果吧！

生5：也可能是着急回去，不然妈妈会担心它的。

师：大家猜测的都是有可能的，但事实是怎样，写在这本《带刺的朋友》后一章中，我们课后去验证一下自己的猜测。

生6：我对第7自然段刺猬"用力摇晃枣树"很感兴趣。我觉得小刺猬很聪明，因为这个办法很好，我以前在外婆家也摇过枣树，这样能既快又多地把枣子摇下来，不费力。

师：你怎么看出枣子落下来了很多？

生6：我从拟声词"劈里啪啦"仿佛听到了一颗颗枣子掉在地上发出的声音。

师：是啊，拟声词就有这样的好处，让人身临其境。哪里还有这样的拟声词？

生7：还有"树枝哗哗作响""噗的一声掉下来"。

师：你能通过朗读让同学们身临其境吗？（生朗读）

生8：老师，我觉得最有意思的是第10自然段，小刺猬摇完枣后，掉下树，非常麻利地"把红枣归拢到一起，然后就地打了个滚儿"，最后"驮着满背的红枣急火火地跑去了"。这一系列动词让我想象到这只刺猬圆滚滚的样子，更让我佩服它的偷枣本事确实是非常高明，感觉像电影里的神偷手。

生9：我联想到第五单元学的《搭船的鸟》一课中，作者对翠鸟也有一系列动作描写，体现了它捕鱼的娴熟、干脆利落。

（教师感受：因为这篇文章的语句比较质朴，不难懂，情节又比较有趣，所以当说到分享文章写得最有趣的地方，学生的话匣子好像被打开了一样。让我惊喜的是学生能根据一些细节描写，会用同理心去挖掘刺猬像人一样的心理，甚至产生联想，关联到以前学过的其他动物，对比类似的写法，这是我意想不到的，也是非常宝贵的）

师：文中的这只刺猬不光偷枣本领高明，还很通人性，作者不自觉地把它当作自己的"朋友"一样，难道作者是一开始就把它当朋友？

生10：没有，朋友可不是一来就能当上的。我从"那个东西"看出作者一开始对这只刺猬很陌生，甚至还以为是一只猫。

生11：我发现作者对这只刺猬的叫法有变化。从"那个东西"到"那个家伙"最后是"小东西"，我感觉叫法越来越亲密了，慢慢把它当朋友对待。

师：谁还有不一样的看法？

生12：我觉得作者应该很喜欢这只刺猬，不然不会叫它"小家伙"，更不会仔细地关注它的一举一动。

生13：我还感觉作者很佩服这只高明的刺猬，可能连作者自己都没办法以这么快的速度偷这么多枣。

生14：我想到上学期读的《夏洛的网》，作者对小猪威伯尔、对蜘蛛夏洛的感情也是由陌生到喜欢，最后成为最好的朋友。

师：你的联想让老师惊喜。这篇文章写到后面好像还没写完，你的脑海里会对这位"带刺的朋友"产生疑问吗？

生15：有疑问，这位朋友家住在哪里？

生16：这位朋友后来与作者又发生了什么有趣的事？

…………

师：边默读边思考，你对文中的小刺猬又产生了什么新的印象？

…………

（教师感受：总而言之，这堂课对我自己来说是一次勇敢的尝试，放手让学生自己去谈发现，虽然有些学生中途会跑偏，没有答到点子上，耽误了不少时间，但这个思维碰撞的过程是很宝贵的。让我最欣喜的是，这堂课中学生的迁移力，能将所学、所看、所想有机地结合起来，也许这就是不束缚学生的魅力吧！但同时，这节课也存在很多不足的地方，比如，内容上不够整合，评价语不够丰富，对于放手让学生去谈方面，我还不够自信，缺乏对课堂的把控能力等等。但印象语文所提倡的、生长的、生活的课堂，是我一直追寻的课堂，我会继续追寻下去）

——摘自龚娇娇的教学实录

就以上课堂片段分析，有两个观察点。一个是印象建构中学生对阅读材料的主动关联，这十分令人惊喜。学生自然而然地联系过去学过的课文中相似之处，且两处关联分别是两位学生就写法和情绪变化展开，这就更是难能可贵的。在多年的实践中，"印象语文"对于学生语文素养的培养尤其强调"连接"，此处关于"文之连接"是自然发生的，且无明显模仿，确是值得惊喜。另一个观察点是教师引导中的可商榷之处，随着课堂的推进，教师一面惊喜着学生的阅读发现，一面仍然不断介入学生的交流，这是习惯性地"积极回应"。若我们试着把很多处"教师回应"去掉，可以发现，课堂推进的线路不会改变，凡是可去掉的回应，皆可暂时定为"无效引导"。印象语文的教师课堂引导强调激励、引思、引疑、引导连接、引导总结，凡无明确作用的教师回应，皆可略去或以简单肢体动作代替，以期把更多交流时间留给学生。

本课的教学设计，亮点在于从学生的已有阅读域印象出发，鼓励新印象的生成，这体现了印象语文的建构观。

（广州市天河区天府路小学　欧阳琪）

《带刺的朋友》教学设计及反思

【教材分析】

《带刺的朋友》是统编版小学语文三年级上册第七单元"我与自然"的最后一篇课文，本文讲述了一只机灵可爱的小刺猬偷枣的故事，其间穿插着作者的所思所想，情趣盎然。课文以"带刺的朋友"为题，既激发了读者的阅读期待，又点出了作者与写作对象的关系。整篇文章洋溢着对小动物的喜爱之情，能引起读者的共鸣。

【学情分析】

《带刺的朋友》是第七单元"我与自然"为主题的第三篇文章。本单元的单元导语为"大自然赐给我们许多珍贵的礼物，你发现了吗？"本课的语文要素是感受课文生动的语言，积累喜欢的语句。这篇文章在写法上很符合三年级阶段孩子的身心发展特点，把小刺猬写得灵敏可爱更是贴近生活充满生活趣味，符合孩子们天真烂漫的性格特点。在教学时，应着重引导孩子去发现刺猬偷枣的"高明"，感受生动的语言。

【教学目标】

第一课时目标

(1) 能正确、流利朗读课文,认识"枣、馋"等11个生字,会写"刺、枣"等12个生字。

(2) 能找出描写刺猬偷枣的一系列动作,并用自己的话简单说一说刺猬是怎么偷枣的。

第二课时目标

(1) 能以"小刺猬偷枣的本事真高明"为开头,用自己的话讲述刺猬偷枣的过程,把刺猬偷枣的"高明"之处说清楚。

(2) 能通过小组自主合作探究,体会作者描写刺猬偷枣过程中语言生动的妙用,并能通过朗读体现出来。

(3) 能发现"我"对刺猬的称呼变化,体会"我"的情感变化,感悟我对小刺猬由惊讶到喜爱,甚至钦佩之情。

(4) 有兴趣阅读描写动物类课外书籍。

【教学重、难点】

(1) 能通过小组自主合作探究,体会作者描写刺猬偷枣过程中语言生动的妙用,并能通过朗读体现出来。

(2) 能发现"我"对刺猬的称呼变化,体会"我"的情感变化,感悟我对小刺猬由惊讶到喜爱,甚至钦佩之情。

【教学过程设计】

第二课时			
环节	目标与内容	策略与活动	评价与落实
温故知新	复习上节课学过的生字词	1. 齐读课题,书空"刺" 2. 复习词语,懂得摘抄的好处	1. 能区分"枣"和"刺"字 2. 能读准上节课学过的词语

（续表）

第二课时			
环节	目标与内容	策略与活动	评价与落实
初印象分享	结合生活、阅读体验，谈对刺猬的思考与发现	1. 你以前在哪里见过刺猬？给你留下什么印象 2. 这篇文章中的刺猬跟你原来印象中的一样吗？结合文段句子说说你的思考与发现	1. 能结合自己的生活体验或阅读体验，说出对刺猬的初印象 2. 能把对刺猬的初印象和课文对刺猬的描写进行联系、对比，说出自己的思考与发现
中印象探究	感受课文生动的语言，联系生活理解语句，读出趣味，体会情感	1. 简单回顾刺猬偷枣的系列动作，以"小刺猬偷枣的本事真高明！"为开头，用自己的话讲讲刺猬是怎么偷枣的 2. 同学互评，他有没有把小刺猬偷枣的"高明"说清楚 3. 小组合作探究学习：你觉得文中哪个地方写得最有趣？为什么？把你印象最深的地方圈画出来，做简单标注 4. 小组汇报，教师相机点评，多种形式指导朗读，读出小刺猬偷枣的趣味 5. 找出作者对小刺猬称呼变化的句子，读出语气的不同，体会作者对小刺猬由惊讶到喜爱再到钦佩的情感变化	1. 能用自己的话说清楚刺猬是怎么偷枣的 2. 能找出课文写得有趣的地方，并说出喜欢的理由 3. 能读出课文语句的生动与趣味性 4. 能关注作者对小刺猬称呼的变化，体会作者的情感变化
后印象链接	激发阅读描写动物的课外书籍的兴趣	1. 拓展阅读：《带刺的朋友》第三个片段"击退黑狗"，分享对小刺猬的新印象 2. 课外阅读链接：这种对小动物的细致观察描写，把动物当朋友一样，你还在哪本书里读到过 师生共读一本书：宗介华《带刺的朋友》、法布尔《昆虫记》	1. 能快速阅读新片段，分享新印象 2. 课外描写动物类文章阅读联想，师生共读一本书

【教学反思】

说到印象语文，第一次接触是在欧阳琪校长的课堂上，当时觉得很新鲜，也很奇妙。学生完全不是被老师带着走，而是有一套自己的逻辑架构。课堂上，学生没有走神，而是不断地产生思维碰撞的火花，学生们乐于表达，也很会表达。再后来有幸多听了好几节欧阳校长和张睿老师的课，原本我一直很苦恼的"如何提高课堂效率"这个问题，好像一下子豁然开朗了，因此激发了我打开印象语文这扇大门的兴趣，于是就有了这次印象语文课的初体验。

《带刺的朋友》一课，选自统编版语文三年级上册第七单元，节选自宗介华先生的散文《带刺的朋友》。这篇文章篇幅不长，语言朴实而生动，但如何有效地落实本单元语文要素"感受课文生动的语言，积累喜欢的词句"？我从三处"爬"、三个拟声词、一组连动词这三个"点"聚焦语言文字的学习，旨在引导学生仔细品味文章用词的生动之处，进而体会文章所表达的思想情感，并由此激发学生留心周围有趣的现象，学习用生动的语言记录自己的所看、所听和所想。同时，在整个教学设计的脉络上，以小刺猬偷枣的过程为明线，而"我"对小刺猬的情感变化为暗线，两条线索串联整篇文章始终，这产生了很好的学习效果。

这堂课对我自己来说是一次勇敢的尝试，放手让学生自己去谈发现，虽然有些学生中途会跑偏，没有答到点子上，耽误了不少时间，但这个思维碰撞的过程是很宝贵的。让我最欣喜的是，这堂课中学生表现出来的迁移力，能将所学、所看、所想有机地结合起来，也许这就是不束缚学生的魅力吧！

但同时，这节课也存在很多不足的地方，比如，内容上不够整合，评价语不够丰富，在放手让学生去谈这一方面，我还不够自信，缺乏对课堂的把控能力，等等。但印象语文所提倡的生成的、生长的、生活的课堂，是我一直追寻的课堂，我会继续追寻下去。

（广州市天河区天府路小学　龚娇娇）

附：《带刺的朋友》第二课时教学实录

一、复习导入

1. 上节课，我们认识了一位带刺的朋友，它就是小刺猬，"刺"这个字容易写错，同学们跟着我一起来书空一遍。齐读课题。

2. 通过上节课的学习，我们发现这篇课文的语言很生动，还摘抄了一些好词好句，所谓"温故而知新"，我们来重温一遍字词。请学生们读词语。

二、初印象分享

1. 孩子们，你以前在哪里"见"过刺猬？刺猬给你留下了什么印象？

生1：我曾经养过刺猬，它长得灰灰的，刺软软的，很可爱。
生2：我在动物园见过刺猬，它很胆小，经常躲在洞里不出来。
生3：我在故事书里也见过刺猬，我知道它的刺可以用来保护自己。
生4：我觉得刺猬有些可怕，因为它的刺很尖，会扎人。
……

2. 看来大家之前对刺猬已经有了一些了解，那么文中的刺猬跟你原来印象中的刺猬一样吗？为什么？

生1：文中的刺猬跟我印象中的不一样，我从文中的刺猬偷偷摸摸地摘枣感觉到它很厉害，像个神偷一样动作娴熟，并不胆小。
生2：文中的刺猬跟我印象中的一样，它的刺不仅能保护自己，还能用来偷枣，真是多功能啊！
生3：文中的刺猬跟我印象中的不一样，我从"它打了个滚儿就把红枣全扎在背上"感觉文中的刺猬很聪明，这个办法能快速把枣全扎到刺上，很高明。

3. 同学们真不错，能把自己原来印象中的刺猬和课文里的刺猬进行联系、对比，这种学习方法很不错。

4. 作者是怎么评价刺猬的偷枣本领的？谁找到了那句话？

生：我找到了"小刺猬偷枣的本事可真高明！"这句话。

5. 你找得真准，"高明"是什么意思？

生："高明"就是超级厉害的意思。比如，诸葛亮的计谋很高明。

6. 那作者为什么要说这只刺猬偷枣真高明呢？到底有多高明？借助老师的这张刺猬偷枣图，用自己的话说一说文中的刺猬是怎么偷枣的？

（同学互评：你觉得他有把小刺猬偷枣的高明说清楚了吗？为什么？）

生1：秋天到了，树上挂满了玛瑙似的红枣。小刺猬先是慢慢地爬上树，再用力摇晃树枝，红枣噼里啪啦掉了一地，然后它噗的一声掉下来，打了个滚，用尖尖的刺把红枣往背上都扎满了，最后急火火地溜了。

生2：我觉得这位同学说得很好，既抓住了刺猬偷枣的关键动作，又没有漏掉细节，还加了动作，把刺猬偷枣本领的高明说清楚了。我要向他学习。

7. 你很会倾听，也很会评价，抓住了上一位同学发言的几大亮点，两位同学都很不错！

三、中印象探究

1. 同学们，你们觉得课文哪里写得最有趣？为什么？把你印象最深的地方圈画出来，先小组内交流，再汇报。

生1：请大家关注第2自然段，我从刺猬"缓慢地往树上爬"感受到这只刺猬鬼鬼祟祟地，像个小偷一样，谨慎地爬上树，生怕被枣树主人发现。我觉得这只刺猬像人一样机警。

师：你真会关注细节。大家还注意到这只刺猬别的"爬"了吗？

生2：第5自然段还有"刺猬仍旧诡秘地爬向老树杈"。

师：诡秘？又是一个新鲜词，猜猜是什么意思？

生2：我联系上下文，刺猬爬被人发现，肯定得小心翼翼地，所以我猜"诡秘"应该是小心、偷偷的意思。

师：嗯，你可真会猜！为什么要诡秘地爬，像刚刚那样缓慢地爬不就行了吗？

生1："诡秘"更能体现小刺猬的聪明、小心翼翼。

师：嗯，你们想的跟作者一样，大家通过朗读来读出作者的用意吧！

生3：老师，我在第10自然段还发现了刺猬"匆匆地爬来爬去"，我感觉这只刺猬偷枣成功了，得赶紧逃离现场，免得被人发现了就前功尽弃了。

师：你不光看得真远，还有自己的推理，真不错！大家来大胆预测一下，刺猬还有可能是因为什么原因要"匆匆"呢？

生4：可能是着急回家跟朋友炫耀今天的成果吧！

生5：也可能是着急回去，不然妈妈会担心它的。

师：大家猜测的都是有可能的，但事实是怎样，写在这本《带刺的朋友》后一章中，我们课后去验证一下自己的预测。

生6：我对第7自然段刺猬"用力摇晃枣树"很感兴趣，我觉得小刺猬很聪明，因为这个办法很好，我以前在外婆家也摇过枣树，这样能既快又多地把枣子摇下来，不费力。

师：你怎么看出枣子落下来了很多？

生6：我从拟声词"噼里啪啦"中仿佛听到了一颗颗枣子掉在地上发出的声音。

师：是啊，拟声词就有这样的好处，让人身临其境。哪里还有这样的拟声词？

生7：还有"树枝哗哗作响""噗的一声掉下来"。

师：你能通过朗读让同学们身临其境吗？（生朗读）

生8：老师，我觉得最有意思的是第10自然段，小刺猬摇完枣后，掉下树，非常麻利地"把红枣归拢到一起，然后就地打了个滚儿"，最后"驮着满背的红枣急火火地跑去了"，这一系列动词让我想象到这只刺猬圆滚滚的样子，更让我佩服它的偷枣本事确实是非常高明，感觉像电影里的神偷手。

生9：我联想到第五单元学的《搭船的鸟》一课中，作者对翠鸟也有一系列动作描写，体现了它捕鱼的娴熟、干脆利落。

师：你真厉害，还会把新课文和以前学过的课文进行联系、对比，值得大家学习。

2. 文中的这只刺猬不光偷枣本领高明，还很通人性，作者不自觉地把当作自己的"朋友"一样，难道作者是一开始就把它当朋友？

生10：没有，朋友可不是一来就能当上的。我从"那个东西"看出作者一开始对这只刺猬很陌生，甚至还以为是一只猫。

生11：我发现作者对这只刺猬的叫法有变化。从"那个东西"到"那个家伙"最后是"小东西"，我感觉叫法越来越亲密了，慢慢把它当朋友对待。

师：谁还有不一样的看法？

生12：我觉得作者应该很喜欢这只刺猬，不然不会叫它"小家伙"，更不会仔细地关注它的一举一动。

生13：我还感觉作者很佩服这只高明的刺猬，可能连作者自己都没办法以这么快的速度偷这么多枣。

生14：我又联想到上学期读的《夏洛的网》，作者对小猪威伯尔、对蜘蛛夏洛的感情也是由陌生到喜欢，最后成为最好的朋友。

师：你的联想让老师惊喜。这篇文章写到后面好像还没写完，你的脑海里会对这位"带刺的朋友"产生疑问吗？

生15：有疑问，这位朋友家住在哪里？

生16：这位朋友后来与作者又发生了什么有趣的事？

四、后印象链接

1. 看来大家对这只小刺猬的兴趣很浓呀，老师特意去借来了宗介华先生写的《带刺的朋友》这本书，并截取了另一个片段《击退黑狗》，给你们过过瘾。请大家边默读边思考，你对文中的小刺猬又产生了什么新的印象？

生1：读完这个片段，我更崇拜作者笔下的这只小刺猬了，它不仅聪明，还很厉害，连那么凶的大黑狗都会怕他。

生2：我的想法跟他一样，我觉得小刺猬好勇敢啊，以小搏大，真是太厉害了，换作是我，早逃跑了。

生3：我还知道，不光是小刺猬，还有很多动物都有自己的独家本领呢！比如《昆虫记》里的红蚂蚁，别看它个头小小的，但也很厉害！

2. 你太会联想了，是啊，昆虫大王法布尔写的《昆虫记》系列里，也写了很多动物的独家本领呢，大家课后也可以去找这本书和《带刺的朋友》来看一看吧。

3. 这节课，我们不光领略了小刺猬偷枣本领的高明，还学会了联想的办法，把原来学过的知识与新学的知识联系起来，把课内与课外的知识也联系起来。这节课先上到这儿，下课！

印象课堂：《牛和鹅》

打通课内外的语文课堂建构

印象语文一直把打通课内外作为语文课堂建构的基本思路，这一观点本人在《连接的力量与形态》一文中从"连接"的角度做了初步诠释。本文将以白杨老师执教的四年级的《牛和鹅》一课为例，从打通孩子的生活体验、学习方法、课外阅读三个方面具体分析操作方法。

《牛和鹅》是部编版四年级上册第六单元的一篇课文，文章故事性强，是一篇语言生动、童趣十足，又蕴含一定哲理的文章。通过对人物的语言、动作、神态的细致刻画，作者将鹅的神气十足、胆大妄为，以及"我"的狼狈不堪、慌忙逃窜，活灵活现地展现在读者面前。这告诉读者从不同的角度出发看待周围的事物，就会得到不同的结果。

一、打通课内学习与生活体验

开课之初，白杨老师引导学生畅谈初印象——自己的童年。

师：童年是一条河，童年是一首诗，童年有悲伤也有欢乐。同学们，你的童年是什么颜色的呢？

生1：我的童年是粉红色的，因为我的爸爸妈妈非常爱我，我的家很温馨。

生2：我的童年是灰色的，因为我平时的补习班很多，周末也没有时间玩儿。

生3：我的童年是黄色的，我有一个小弟弟，一家人经常出去旅游，很温暖。

生4：我的童年是黑色的，我考试如果没有拿到好成绩，爸爸妈妈会批评我。

孩子们的每一次学习经历都不是孤立的，可以说，伴随着孩子们的成长，他们的每一次学习都是既有过去，也有未来。孩子的知识建构正是在不断地打通—连接中完成的。就中年段而言，阅读初印象交流中打通课内外的方式主要三种：第一种是如本课一般就文章主题引导表达，这类的引导通常用于学生有直接生活体验可以分享，为课堂上与作者的感受形成类比或对比埋下伏笔；第二种方式是依据文章内容引导交流，如《什么比猎豹的速度快》一课中，可引导学生交流："关于猎豹，你知道什么？""你见过猎豹吗？说说它的特点"；第三种打通方式是通过联想引导学生联系过去的生活体验。如部编版五年级《四季之美》一课中，关于"四季之美"，你联想到什么呢？（可以是一首诗、一篇文章、一种景物、一幅画面、一个故事等等）

二、打通课内学习与批注方法

本单元有两个语文要素：其一，学习用批注的方法阅读；其二，通过人物的动作、语言、神态体会人物的心情。学生在前期的学习中已尝试在文章中做批注，但批注的方法和详尽程度、标注方式不尽相同，尤其是为什么要做批注？如何借助批注开展学习？学生大多没有专门思考。而学生对于学习方法的习得，一定要经历初步认知、实践体验、回顾反思的过程。我们来看看白杨老师的课堂操作。

白杨老师引导学生做阅读批注——作者的童年。

师：在《牛和鹅》这篇文章中，作者任大霖的童年色彩又是怎样的呢？不动笔墨不读书，请同学打开书，画出能体现出作者童年色彩、心理感受的句子，并在旁边完成批注。在批注之前，我们先一起复习可以从哪些角度给文章批注？学生齐答，老师相机板书。

学生以四人小组为单位，在小组内分享画的句子和批注的内容，要求人人都参与，每人至少分享一处。

生1：请大家把目光转向第6自然段，"我吓得腿也软了，更跑不快"，从这个句子我读出了作者当时是非常害怕的。有哪位同学可以与我交流？

生2：我觉得不仅是害怕，还有恐惧。因为第6自然段还有两句是这样写的，"在忙乱中，我的书包掉了，鞋子也弄脱了。我想，它一定要把我咬死了"。我的批注是：从这里我可以看出作者当时非常狼狈，内心一定非常恐惧。

生3：我也想补充，我画的是第6自然段的这一句："这时，带头的那只老公鹅就啪嗒啪嗒地跑了过来，吭吭，它赶上了我，吭吭，它张开嘴，一口就咬住了我当胸的衣襟，拉住我不放。"这句话虽然不是关于作者的细节描写，但是从这一片段我可以看出老公鹅来势汹汹，作者当时一定非常害怕。

生4：我画的句子是第9自然段的"这一摔是那么痛快，远处的孩子们全笑了起来，我也挂着泪笑了"。从这一句我可以读出作者在金奎叔的救助下，终于摆脱了鹅的纠缠，作者没有之前那么害怕了。

生5：我想补充第13自然段的最后一句："果然，我不怕它，它也不敢咬我，碰到了，只是吭吭叫几声，扇几下翅膀，就摇摇摆摆走开了。"从鹅的神态，我看出鹅不再欺负作者了，原因是作者不再害怕鹅。

生6：请大家把目光转向第4自然段"我们看到鹅，那就完全两样了：总是远远地站在安全的地方，才敢看它。要是在路上碰到鹅，就得绕个大圈子才敢走过去。"我从这句话可以看出作者非常害怕鹅。

生7：我想补充，文章的第2自然段写到了牛，作者一点儿都不害怕牛，还敢用拳头捶捶牛背，这和后面的第4自然段形成了鲜明的对比。

教师总结：看来，我们的作家在对待鹅的态度上是一个动态变化的过程，开始是害怕，遭到鹅的袭击时是恐惧，最后得到金奎叔的开导，变得不再害怕鹅。

由以上教学片段可以看到，在白杨老师布置批注与交流的任务后，小组学习、课堂交流中，学生的表达是较为完整的，能抓住人物的动作、语言、神态体会人物的心情。在学生对话中能感受到学生敢于形成自己独特的见解，并且观点之间的发展与碰撞如行云流水，自然而美好。想与白杨老师商榷的部分是，若此环节增加请学生在分享同时展示他的批注，教师予以适度点评，如批注的选点、方式、内容，以及学生的独特感受或是分享备注等等，给学生更为丰富的批注建议暗示，或许可以更好地落实本单元的语文要素。

三、打通课内学习与课外阅读

本课结束之前，白老师引导学生联系课外阅读书籍——其他作家的童年。

师：看来，童年就是一首曼妙的歌曲，有高潮，也有低谷，有喜悦，也有悲伤。那关于童年的故事，你还读过哪些呢？请同学们打开课外书《菜茵石的手镯》，说一说你最喜欢第一单元的哪一篇文章？

生1：我喜欢萧红的《烤鸭子》，作者写萧红吃鸭子的那个部分非常精彩，我可以读出萧红吃鸭子可爱的样子，还能读出萧红的祖父是一位慈祥的老人。

生2：我觉得萧红的童年应该是橙色的，因为萧红有一位疼她的祖父。

　　生3：我喜欢《现代的孩子》，我觉得作者写出了现代孩子的心声。

　　生4：我喜欢《我的船》，这是一首诗，写的也是童年。

　　生5：还有《所谓勇敢》。

　　生6：还有《莱茵石的手镯》。

　　教师总结：希望同学们继续阅读《莱茵石的手镯》，从别人的童年生活中继续发现童年的颜色、童年的味道和童年的感情。

　　在印象语文的研究之初，我们提出的打通课内外，仅仅是指打通课内外的阅读，由此可知，课内外阅读的联通是印象语文实践研究的主要切入点。应该说，白杨老师在学生的课外阅读拓展中下了一些功夫，从主题相关的角度精心选择了《莱茵石的手镯》一书推荐给学生。过去，我们在学生的课外阅读推进中通常有两种方式，一种是泛阅读，即由学生兴趣或是机遇展开阅读，教师无指定书目，目标是能读就好；另一种是精阅读，更为聚焦，通常是教师推荐阅读书目，全班一起读，定期开展读书分享活动，目标是读中会读。本课教师在学生对课文内容进行充分交流基础上，引导学生把交流的范围拓展开去，由一篇文章到一本书；由一个人到众人，除了帮助学生感受童年可以不一样，每一种回忆都可以美好之外，更想要帮助学生辩证地感受课文中作者对细节描写中的不愉悦，从而形成"童年是五颜六色的，每个人的童年都会不一样"的认知态度。

　　在印象语文打通课内外阅读的操作方式中除了像这样直接打通，也可以在学生分享文章重点部分的过程自然关联。我们更倡导的是学生在分享中的自然关联，因为我们对"习得"的理解，核心在"自然"，若学生总能在分享中自然而然地把课内外阅读联系起来，就能在反复的知识体系建构中形成"连接"，带来丰富，进而沉淀为"素养"。

　　本课的亮点在于，体现了印象语文课内外一体的连接观。

（广州市天河区天府路小学　欧阳琪）

《牛和鹅》教学设计及反思

【教材分析】

部编教材第六单元以"成长故事"为主题编排了《牛和鹅》《一只窝囊的

大老虎》《陀螺》三篇精读课文，其内容不仅有童年的欢乐，更有经历挫折带来的成长。本单元有三个语文要素：其一，学习用批注的方法阅读；其二，通过人物的动作、语言、神态体会人物的心情；其三，记一次游戏，把游戏过程写清楚。

课内教材《牛和鹅》讲述了一个童趣十足的故事："我"在放学回家途中，被鹅追赶、袭击，吓得惊慌失措，金奎叔帮"我"赶走了鹅，在他的帮助下，"我"改变了对牛和鹅的看法及态度。课文按照事情发展的顺序，可以分成三个部分：第一部分是"我们"欺负牛、惧怕鹅的原因以及具体的行为；第二部分是"我"被鹅追赶、袭击，金奎叔帮"我"赶走鹅的全过程；第三部分讲述了金奎叔的话改变了"我"对牛和鹅的看法及态度。课文旁边，分别从三个维度——内容、写法、启发呈现了学习伙伴的五个批注。课后练习是基于单元语文要素而设计的，旨在引导孩子抓住体现人物心理活动的句子，从不同的角度给文章批注。

课外阅读《莱茵石的手镯》是语文素养丛书小学卷的四年级上册读本。该书按主题组合选文，每个单元三五篇作品。第一单元《我的船》与部编教材四年级上册第六单元的主题相似，都是关于童年的，只是选文的文体更丰富，不仅有叙事散文，还有诗歌、小说选段。

【学情分析】

经过一年多的训练，四年八班的学生已经谙熟于教材和课外书整合在一起的学习方式。该班的学生阅读量大、阅读品质高，善于合作学习。之前，学生在阅读课外书的时候，曾经被要求完成批注，只是没有正式、系统地接受关于批注的训练，例如：批注的角度、批注的内容、批注的位置。

【教学目标】

（1）细读文本，通过人物的动作、语言、神态体会人物的心情。
（2）通过分享阅读收获，进一步理解"童年生活"这一主题，进一步强化批注的角度和内容。

【教学重、难点】

细读文本，通过人物的动作、语言、神态体会人物的心情。

【教学过程设计】

教学环节	目标及内容（知识、能力）	教学策略（情境、模式、方法等，注意学生学习方式设计）	评价与落实（量表、作业、表现性评价内容等）	时间分配
畅谈初印象（学生的童年）	通过畅谈"童年的颜色"，深入理解童年生活的多样性	交流与碰撞： 师生对话——教师鼓励学生大胆表达，并规范学生的语言 生生对话——教师相机点播学生的回答，引导学生思维的角度	1. 倾听学生的回答，了解学生对课文的理解深度和概况能力 2. 了解学生联想的维度，并相机补充	10分钟
批注深印象（作者的童年）	细读文本，通过人物的动作、语言、神态体会人物的心情，并尝试从不同角度给文章作批注	1. 聚焦主问题：在《牛和鹅》这篇文章中，作者任大霖的童年色彩又是怎样的呢 2. 不动笔墨不读书：请同学批注能体现出作者童年色彩、心理感受的句子，并完成批注 3. 复习批注的角度 4. 四人小组分享批注的内容 5. 邀请一组同学上前来展示，老师相机点拨，并板书	1. 倾听学生的分享，了解学生对文本的理解程度 2. 通过让学生汇报、展示批注，了解学生批注的维度和深度	20分钟
巧设后印象（其他作家的童年）	通过分享阅读收获，进一步提高深入阅读整本书的兴趣	1. 你最喜欢第一单元的哪一篇文章 追问：在《烤鸭子》这篇文章中，作家萧红的童年是什么颜色的 2.《莱茵石的手镯》这本书中还有关于童年的故事吗？说来听一听	从一篇课文到多篇课文再到整本书，在学生的分享中了解学生捕捉关键词句的能力，以及从不同的角度批注文本的能力	10分钟

【教学反思】

作为语文老师，我们要成为引领学生走进阅读世界的点灯人。阅读应成为语文教学的核心，这里的阅读不局限于学生书包里的教材，应包括适合学生年段认知水平的课外书。我国著名语文教育家叶圣陶老先生针对阅读教学曾经提出："得法于课内，得益于课外。"学生的语文学习如果没有课外阅读，就是"半截子"语文。课外阅读的指导不能拘泥于课外，要将其纳入语文课堂中来，抓好"读什么"和"怎么读"两个方面的问题，并与语文教材的学习结合起来。

读什么

部编教材四年级上册第六单元以"成长故事"为主题编排了《牛和鹅》《一只窝囊的大老虎》《陀螺》三篇精读课文，其内容不仅有童年的欢乐，更有经历挫折带来的成长。但深入理解这一主题，仅仅靠三篇精读课文的学习是远远不够的，因此，我向学生推荐的《语文素养读本》小学卷7《莱茵石的手镯》，这本书的第一单元《我的船》也是关于"成长故事"这一主题，正好与教材第六单元的内容相契合。

怎么读

课外通读。在学习第六单元之前，我让家委购买了这本书，简单介绍之后，便让学生基于第六单元的主题通读《莱茵石的手镯》的第一单元，并尝试从批注的三个维度（内容、写法、启示）来相机批注。

课堂分享。课例《牛和鹅》分为三个环节，分别是畅谈初印象（学生的童年）、批注深印象（作者的童年）、巧设后印象（其他作家的童年）。第一个环节畅谈初印象，先让学生说一说自己童年的颜色，学生们基于自己的生活经验和阅读体验畅所欲言：有代表温暖的黄色，也有代表悲伤的灰色，有自己成长的故事，也有与家人一道共有的经历。我认为，学生之所以能从多个维度来解读自己的童年，与先前的阅读体验有关，《莱茵石的手镯》的第一单元和教材的第六单元都是从不同的角度、不同的年代和不同的文体来解读童年。

如果课外阅读仅仅停留于课外，教师在课内不给予指导的话，学生的课外阅读很容易停留在消遣阅读、随便翻阅这一层面；如果课内的阅读分享仅仅止步于内容和主题的分享，那么学生的语文素养也是很难得以提升的。于是，在课例的第三个环节"巧设后印象"部分，我设置了两个问题。第一个问题"你最喜欢第一单元的哪一篇文章？"，学生在回答第一个问题时，必须要做到言之有理，言之有据，要基于文章片段的细节描写来谈原因。在老师的相机引导下，学生会说"我喜欢萧红的《烤鸭子》，文中描写爷爷看萧红吃鸭子的片段特别打动我，这段动作描写让我读出了萧红吃鸭子的样子，以及爷爷对萧红的疼爱"，也即是引导学生从写法的角度来品读文章的片段。第二个问题"《莱茵石的手镯》这本书中还有关于童年的故事吗？"则是鼓励读得快的、深入的同学在堂上给予分享，鼓励学生课后完成整本书的阅读。

整体而言，这一课例实现了从课内到课外的跨越，以教材的某一单篇文章为切入点，引领学生阅读课外的一整本书，加强学生语言建构的积累，从而提升学生的语文素养。当然，我深知指导学生课外阅读不能仅仅停留于课堂教学实践，还要站在更高点上去思考如何将课外阅读的课内化指导课程化、体系化，这样才能惠及更多的学生。

（广州市天河区天府路小学　白杨）

附：《牛和鹅》教学视频

印象课堂：《乌鸦喝水》

印象语文的"目标"与"习得"观

我校教师王彬学科素养扎实，乐于挑战，最难得的是敢于突破自我。在我的实践经验中，敢于自我突破的教师往往可以在专业之路上走得很远。以《乌鸦喝水》为例，王彬老师从课程理念、课堂尝试体验与课后反思几个部分思考与斟酌，顺着课后反思说开，跟大家探讨"印象语文"关于"目标"与"习得"的理解。

《乌鸦喝水》是大家都很熟悉的一篇课文，描写了一只口渴的乌鸦到处找水喝，发现了一个装有水的玻璃瓶，由于瓶口太小，喝不到水，它把瓶子周围的小石子往瓶里装，水升高了，最后喝到水了。课文篇幅短小，通俗易懂，以"喝水"为线索，采用生动的语言，描绘出乌鸦机灵智慧的形象，说明任何事情只要开动脑筋想办法，就能克服困难。课文语言简洁浅显，充满童趣，给人以启迪，文中插图形象鲜明，富于想象，很适合小学生阅读。

王彬以"让学生自己'喝'到'水'"为思路展开教学，按照"激趣读文—看图讲故事识字—随文品读解意"三个板块推进第一课时的教与学。我们来看看王老师的课后反思。

【反思片段1】

引出课题之后，开始进入第二板块"看图讲故事，随机识字"。第一个环节"图说故事"。

师：接下来，我请同学们先观察图片，观察图片的时候，仔细认真地看，告诉老师，你都观察到了什么，知道了些什么？（出示课文第一幅插图）

生1：乌鸦想喝水，可是喝不着。

师：谁再来说说，这幅图上都画了些什么？都有些什么呀？

生2：有一个瓶子，瓶子里有水。

师：这个瓶子是怎么样的啊？谁观察到了？（板书：瓶子）

生3：瓶口很小，所以乌鸦喝不到水。

师：很好，还看到了什么？

生4：我看到了乌鸦。

师：对，这幅图的主角就是……

生齐：乌鸦。

师：还看到了什么？

生5：我看到了瓶子里的水不多。

师：嗯，对！还有吗？谁还看到了别的呢？

生6：我看到了乌鸦旁边有许多小石子……

生7：我看到乌鸦的头上有一滴汗。

师：你的眼睛真锐利！从它头上的这一滴汗，你能感受到它心里面在想些什么？

生7：它喝不着水，肯定很着急。

生8：我看到乌鸦皱起了眉头。

师：对啦，乌鸦还皱起了眉头，什么时候我们会皱眉头啊？

生齐：发愁的时候……

师：现在我们再来看看第二幅图，和第一幅图相比，你又看到了什么？发现了什么？

生9：第一幅图上有很多小石子，现在小石子少了，都跑到瓶子里面去了。

师：你的眼睛也很锐利，观察到了这点不同！还有吗？

生10：乌鸦头上没有那滴汗了。

师：为什么没有那滴汗了啊？

生齐：因为它喝着水了。

生11：乌鸦的眉头也不再皱着了。

师：那它现在的表情是怎样的？

生齐：是笑着的。

…………

王彬反思：这一教学环节的问题，主要是没有向学生渗透正确的看图方法，也没有很好地对学生进行说话的引导，学生说得比较散乱。侧重的是让学生喝"水"，却没能很好地引导怎样去"喝"。

可从以下方面改进：

（1）渗透看图的方法：看得全，看得巧。即，教师教学时，要说清楚怎么看，给学生一个明确的方向，训练学生根据图画的具体情况，看图要有顺序、有主次，让学生在实践中逐步形成按一定顺序观察图画的能力，而不是乱看一通，分不清顺序和主次。久而久之，通过教师明确的方法指引，学生能够按照自己确定的观察顺序，细致、准确地观察图画。对画面上的景物、人物能按照由近及远、由上到下、由局部到整体等顺序有层次地观察。另外，随着能力的提高，学生还能对画面所表现出的时间、地点，人物外貌、动作、神情，事物形态、色彩等进行全面的观察，逐步学会主次分明地观察。

（2）锤炼引导的语言：引得巧，说得妙。让一年级的孩子说完整的一句话，一直是说话练习的基本要求。要想让学生能够准确地表达自己的意思，更好地将自己所看到或没看到的内容表达出来，教师的引导语至为重要。而在实际的课堂环节中，我没有抓住学生的回答及时进行有效的引导，错过了很多"追问"的良机。学生本来可以说得更多、更好，但我的引导语的贫乏与不得当，导致了学生的"点到为止"。另外，在学生说话的时候，教师如果能在图片上适时地做指引，不仅能让孩子在说的时候更加有序，也能使别的正在听的孩子印象更加直观具体，清楚明白。

我思考：王老师的反思很有价值，因为这样的情况在观课过程中并不乏见，我关注的是现象背后的原因。为什么会出现这样的情况？尤其是年轻教师愿意接受新的课程观，愿意改变自己的课堂，希望能以更灵活、更轻松的方式带领学生学习、体验与思考。但在实际操作中常常事与愿违。究其原因，一是老师们在课前备课时，是从课程目标与课时目标出发思考，但在课堂上往往心中只是记挂着教学环节，而忽略了教学目标。所以，我常常提醒年轻的伙伴们，备课、上课中，一定要经常追问教与学的目标，最好能把"教和学"分开来思考，必须把学生学习的环节目标弄明白。本片段中，教师"教"的设计是希望学生尝试按照一定的顺序看图，从"有什么、干什么、怎么样"三个方面说明，并且期待学生能在学习过程中尝试用一句完整的话表达自己看到的图上内容。教师在教学过程中不能仅想着自己该说些什么，更应该倾听学生说了什么，还有什么可以说，能否补充说，或是修改说。若是从环节目标出发，本片段中，教师无须一直追问，给学生的感受是"我没说对""老师要的不是这个"。可以鼓励孩子们互相补充，再尝试二次表达，争取比刚才更完整、更生动。教师在这一过程中，引导的重点可以是"请大家注意倾听，这位同学的观察顺序是怎样的？你想按照怎样的顺序观察？"等。

我思考的第二点是要想"得"，必须"舍"。看图说话在低年段教学中是重点，但学生不是在一节课，或是一篇文章中就完全学会如何看图、如何说话。我们若想在一节课中培养学生完成这项技能，是不科学也不可能的。我们可以把看图说话这个内容的目标进行分解，先是分到年级，再细分到某个单元达成某个目标，再细到某篇课文侧重培养学生哪方面的观察能力。其实，目标越聚焦，往往越容易达成，关键是每节课、每个单元、每个学段关于这项能力的序列性要合理,主要能有侧重、有延续,学生的能力必会在不断发展的序列练习中形成。本课若只以"看图,尝试由远及近、由上到下的顺序观察图画"为看图目标,以"图上有……它在……,我想……"为表达支架,学生或许会有更多实践、"习得"的机会。

【反思片段2】

第三板块教学,我组织了学生小组"试验探究":模仿乌鸦把小石子一个一个扔进瓶子里直到喝到水。

师:大家一起把第3自然段读一读,起。

生:(齐读)

师:乌鸦是怎么把小石子放到瓶子里的?谁能找到文中是怎么形容的?

生1:乌鸦是一个一个地放的。

师:一个一个地放进去以后,瓶子里面的水会有什么样的变化呢?(板书:一个一个)

生2:瓶子里的水会渐渐升高。

师:什么是渐渐升高呢?(板书:渐渐)先不着急,你们想不想也像乌鸦一样试一试,是怎样喝到水的呢?想不想也当一回"乌鸦"?

生:(齐)想!

师:好!老师会给每个小组发一个瓶子,还有一包小石子,你们模仿乌鸦,和它做一样的事情,成功"喝"到水的小组告诉老师……

师:把小石子一个一个地放进瓶子里,就像你们刚才做的,你发现瓶子里的水会有什么变化?

生3:水渐渐升高。

师:"渐渐"是怎样的呢?

生4:是很快地升高。

师:请坐,你把小石子一个一个地放进瓶子,瓶子里的水是怎么变化的?

生5:是一点一点地升高的。

师:是很快升高的吗?

生6:不是,是一步一步地升高。

生7:是慢慢升高的。

…………

王彬反思:这一环节的教学问题,主要是知识点的把握与训练不到位。教师进行了很多引导,却没有落实好学生该掌握的知识。侧重的是让学生一味地"喝"水，却不知道"喝"下的是什么样的"水"。问题的关键在于教师在设计教学环节时，应该清楚学生最应该掌握的是什么，一步一步踏实地走，把每一个教学目标落到实处。也就是说，教师首先要确定自己要"教什么"，再想好"怎么教"。在"怎么教"上先下足功夫，学生"学什么""怎样学"才有可能实现。否则，孩子上完了一节课，却不清楚自己到底学到了什么……

我思考：非常可喜的是王老师自己在反思中关注到了目标的问题。除了王老师在反思中提到的"让学生一味地'喝'水，却不知道'喝'下的是什么样的'水'"，我还希望老师们在备课时尝试着"下水思考"，跟"下水文"的意思差不多。老师们在设计问题时，若能站在学生的角度去"下水思考"，试着预设学生的几种回答，并对照目标，确定要帮助学生发展的重点在哪里，也就是我们常说的"生长点"。在片段二的教学中，学生做实验的目的，除了在实验中验证随着小石子放入瓶子，水面慢慢升高的现象，还要把自己观察到的现象描述出来，并在此过程体验乌鸦的机灵。如果教师把引导问题设计为两个部分，第一部分：读第3自然段，看看乌鸦做了什么，瓶子里的水发生什么变化？第二部分：若我们来做这个实验，你想怎么做？可能会发生什么变化？试一试，说说你做了什么？看到什么？想到什么？学生在两个部分的表达中反复实践着"一个一个、渐渐"。这里的区别是"碎片化"与"整体性"的问题，学生在教师碎片化的追问中，往往不能完整地、个性化地思考，而是在不断揣摩教师心中的答案，这样的学习就是碎片化。而如果我们可以引导学生在整体的学习任务中分层次开展语言实践，学生不仅有"习得"的过程，更有了整体思考的机会，从而形成系统化的思维模型。

本课体现了印象语文教学目标层面和课堂操作层面的舍得观。

（广州市天河区天府路小学　欧阳琪）

《乌鸦喝水》教学设计及反思

【学情分析】

《乌鸦喝水》这篇课文是人教版一年级下册的一篇课文。这篇课文充满童趣，很适合学生阅读。这篇课文描写了一只口渴的乌鸦到处找水喝，发现了一个装有水的玻璃瓶，可是由于瓶口太小，乌鸦喝不到水。乌鸦通过动脑筋想办法，把瓶子周围的小石子往瓶里装，水升高了，最后喝到水了。课文篇幅短小，通俗易懂，以"喝水"为线索，采用生动的语言，描绘出乌鸦机灵智慧的形象，说明任何事情只要开动脑筋想办法，就能克服困难，课文语言简洁，浅显易懂，生动活泼，贴近儿童生活，学生不难理解。文中插图形象鲜艳，有助于学生观察想象。

【教学目标】

（1）引导学生观察图片，善于发现细节，抓住文中的重点词。
（2）能正确、流利地朗读课文，读出故事的起伏。
（3）能用"渐渐"这个词说一句完整的句子。
（4）认识"乌、鸦"等9个生字，会写"可、石"等6个字。
（5）理解课文内容，明白遇到困难应仔细观察、认真思考的道理。

【教学重、难点】

1. 重点
（1）善于观察图片，能从图片中发现线索，能找出文中的重点词。
（2）启发学生遇到困难要动脑筋，积极想办法，还应启发学生感悟到，做事情要有耐心，坚持下去，就有可能获得成功。
（3）识记词语，会写文中6个生字。流利地读好课文，背诵课文。

2. 难点
（1）理解"到处""渐渐"的意思。
（2）朗读课文，注意读出句子的语气和故事的起伏。

【教学准备】

数字课堂教学平台、电子白板。

【教学过程设计】

第一课时			
教学过程			
序号	教学环节	学生活动	媒体使用
一、激趣引话题，进入课文	1. 创造话题 同学们，你们认识它吗？说说它是怎么样的？（播放乌鸦的图片，板书："乌鸦"）学生识记"乌鸦"二字，"鸦"是形声字 2. 引入课题 你们喜欢乌鸦吗？你们觉得乌鸦好看吗？课文里介绍了一只聪明可爱的乌鸦，它聪明在哪里呢？学了这篇课文你就知道了！今天我们一起来学习这篇童话故事：《乌鸦喝水》	1. 识记词语"乌鸦" 2. 展开讨论，进入课文	电子白板
二、看图讲故事，相机识字	1. 看图"说文" 展示课文的第 2 幅插图：引导学生观察，先观察再说话，"你观察到了什么？你是怎么知道的？"说话的时候注意提醒孩子们说一句完整的话，并且要从图中找出所说的依据 小乌鸦在哪里？它想干什么？——从枯黄的小草、干热的土地、小乌鸦的汗水等方面看出天气热，小乌鸦口渴了，想喝水。它喝到了吗 2. 相机识字 根据学生所讲到的文中重点词，随机展出词语，并讲解词义 3. 边看边讲 根据插图，讲一讲这个故事	1. 认真观察，看图"说"文 2. 找出词语，认真识记 3. 随图讲故事	电子白板

（续表）

序号	教学环节	学生活动	媒体使用
	第一课时		
	教学过程		
三、随文识字词，品读课文	1. 品读课文 出示课文的第1幅插图以及文中的第1自然段，引导学生找出文中关键词 小乌鸦找水喝，它是怎么找的？文中用了哪一个词语？——"到处" 小乌鸦找到水了吗？喝到水了吗？为什么？文中用了一个词语。——"可是"——水装在一个细口瓶里，水也很少，小乌鸦喝不到 出示课文的第1幅插图以及文中的第2自然段。瓶子的旁边还有什么？小乌鸦想到办法了吗？——有很多小石子，可以利用 2. 巩固字词 根据学生的发言和讲述，随机出示本课的生字和新词——"喝水""口渴""可是""找到""瓶子""许多""小石子""办法"。提出自己认为难读、难记的生字词，识记生字和新词 3. 由扶到放 展示课文的第2幅插图以及文中第3自然段：由扶到放，引导学生自主学习 小乌鸦喝到水了吗？如果你是小乌鸦，你能给我们讲讲你是怎么喝到水的吗 把石子一个一个地放进瓶里，瓶里的水会有什么变化？为什么会有这种变化？——因为石子是一	1. 回归课文，边读边思考 2. 补充尚未留意到的重点词语，认真识记 3. 自主学习第三自然段，理解"渐渐" 4. 用"渐渐"说一句完整的话 5. 齐读课文	多媒体课件

(续表)

	第一课时		
	教学过程		
序号	教学环节	学生活动	媒体使用
三、随文识字词，品读课文	个一个地放，所以水是一点一点地升高，慢慢升高，书上用哪个词来说？——引出词语"一个一个""渐渐"，懂得"渐渐"的意思 为什么放石子水就会升高？——此环节可现场演示 4. 能力拓展 小乌鸦是怎么想出这个办法来的 出示课文句子： (1) 瓶子里的水渐渐升高了。 (2) 天气渐渐热起来了。 (3) ＿＿ 渐渐 ＿＿＿＿。 学生拓展：你能用"渐渐"说一句话吗？把你想好的句子写在你的语文书上 5. 齐读课文		

【教学反思】

《乌鸦喝水》是人教版一年级下册第五单元的一篇课文，描写了一只口渴的乌鸦到处找水喝，发现了一个装有水的玻璃瓶，由于瓶口太小，喝不到水，它把瓶子周围的小石子往瓶里装，水升高了，最后喝到水了。课文篇幅短小，通俗易懂，以"喝水"为线索，采用生动的语言，描绘出乌鸦机灵智慧的形象，说明任何事情只要开动脑筋想办法，就能克服困难。课文语言简洁浅显，充满童趣，给人以启迪，文中插图形象鲜明，富于想象，很适合小学生阅读。

我们的孩子是否也能像文中乌鸦一样，自己"喝"到"水"，逐渐学会自主学习呢？关键在于，我们的教学要成为让学生学会自己"喝""水"的过程。《乌鸦喝水》的教学，对于我，就是一次很好的锤炼。

第一课时，我的教学分为三个板块：激趣引话题，进入课文——看图讲故事，随机识字——随文识字词，品读课文。

板块一，激趣引话题，进入课文。

（1）畅说"乌鸦"，引出课题：通过出示乌鸦的图片，让孩子们说一说乌鸦的样子等话题，引出课题"乌鸦喝水"，理解题意。

（2）识记"乌鸦"，对比书写：在识记"乌鸦"二字的基础上，对比"乌"和"鸟"、"喝"和"渴"两组形近字，并指导书写。

板块二，看图讲故事，随机识字。

（1）图说故事，随机识字：引导学生观察课文两幅插图，"你观察到了什么？你是怎么知道的？"让学生用一句完整的话观察所得，要求从图中找出所说的依据，并根据学生在看图说话时所讲到的文中重点词，随机展出词语，引导释词。

（2）整合文意，整体感知：引导学生以黑板上所板书词语为线索和基本脉络，结合课文插图，完整地讲一讲这个故事，再来读课文。

板块三，随文识字词，品读课文。

（1）以法品读，巩固字词：先出示课文第1、第2自然段和第1幅插图，引导学生用"图文结合法"品读课文内容，重点理解个别词语，像"到处""可是"等。同时，根据学生的发言和讲述，随机再出示刚才学生没有讲到的本课生字词，如"找到""瓶子""许多""小石子""办法"等，并让学生提出自己认为难读、难记的生字词，着重识记。

（2）用法品读，延伸说写：出示课文第3自然段和第2幅插图，引导学生尝试运用"图文结合法"自主学习。教师相机点拨：乌鸦喝到水了吗？如果你是乌鸦，你能给我们讲讲你是怎么喝到水的吗？把石子一个一个地放进瓶里，瓶里的水会有什么变化？为什么会有这种变化？为了让孩子们更加清楚直观地看到水的变化，安排小组学习，每个小组发一包小石子和一瓶未满的水，自己动手模仿乌鸦，看看如何"喝"到水，观察"一个一个"放入小石子，水是怎样"渐渐"升高的。重点理解"渐渐"这一词语。进而引导思考乌鸦是怎么想出这个办法来的，根据这一问题进行德育渗透，让孩子明白解决问题要细心观察，积极动脑筋想办法，并且耐心地去做。在此基础上，让学生用"渐渐"说一句话，把想好的句子写在语文书上，锻炼学生"说"和"写"的能力。

上完了第一课时，感觉离自己所预想的教学效果有一定差距，课堂上的实际情况和自己想象的教学有差异。而且，整节课读得太少，而且都是分段读，全班没有齐读过一次。俗话说"熟读成诵"，这篇课文篇幅并不长，而且也是一篇要求背诵的课文，但是由于教师在忽略了"读"，导致了背诵课文这一教学目标没有实现。所以，我也应该发挥文中"乌鸦"善于观察动脑的特质，不仅要在自己的教学活动中切切实实地认真积累并反思，在教育的长河中多"喝水"，更要切切实实地再反馈到我个人的教学活动中，让我的学生今后也能"喝"到更多的"水"。

（广州市天河区天府路小学　王彬）

附：《乌鸦喝水》教学实录

一、激趣引话题，进入课文

1. 创造话题

师：同学们，你们认识它吗？（出示乌鸦的图片）

生齐：乌鸦。

师：谁来说说，它长得怎么样？

生1：它有黑色的尾巴，羽毛都是黑的。

师：说得很完整。它全身都是黑色的，"乌"这个字就表示黑的意思。还有谁来说？

生2：它的羽毛有点像蓝色，深蓝。

师：为什么像蓝色？因为它黑得发亮，所以看起来有点像蓝色。让我们一起来跟这个新朋友打打招呼，它的名字叫作乌鸦。鸟儿闭眼"乌乌乌"，就变成了"乌"字，"乌"就是黑的意思。乌鸦是一种鸟，鸦的右边是个什么字呀？（教师板书"乌鸦"）

生3："鸟"字。

师：对了，鸟前长牙"鸦鸦鸦"，谁来大声读出它的名字？请你来。

生4：乌鸦。

师：来，我们再热情一点！请你来！

生5：乌鸦！

师：我们一起来！

全班回答：乌鸦。

学生识记了"乌鸦"二字。

2. 引入课题

师：课文里介绍了一只聪明可爱的乌鸦，它聪明在哪里呢？学了这篇课文你就知道了！今天，我们一起来学习这篇童话故事：《乌鸦喝水》。（板书：乌鸦喝水。）注意，"水"是翘舌音。我们要把课题读准，大家一起来读课题——

生齐：乌鸦喝水。

二、看图讲故事，相机识字

1. 看图说文

师：接下来，请同学们先观察图片。观察图片的时候，仔细认真地看，告诉老师，你都观察到了什么？知道了些什么？（出示课文第一幅插图）

生1：乌鸦想喝水可是喝不着。

师：谁再来说说，这幅图上都画了些什么？都有些什么呀？

生2：有一个瓶子，瓶子里有水。

师：这个瓶子是怎么样的啊？谁观察到了？（板书：瓶子）

生3：瓶口很小，所以乌鸦喝不到水。

师：很好，还看到了什么？

生4：我看到了乌鸦。

师：对，这幅图的主角就是——

生齐：乌鸦。

师：还看到了什么？

生5：我看到了瓶子里的水不多。

师：嗯，对！还有吗？谁还看到了别的呢？

生6：我看到了乌鸦旁边有许多小石子。

…………

生7：我看到乌鸦的头上有一滴汗。

师：你的眼睛真锐利！从它头上的这一滴汗，你能感受到它心里在想些什么？

生7：它喝不着水，肯定很着急。

生8：我觉得它一定飞了很久，去了很多地方找水喝。

师：很好！文中有一个词可以概括"去了很多地方"这个意思！

生齐：到处！

师：是的，到处找水喝，说明乌鸦去了很多地方找水，之前都没有找到。

生8：我还看到乌鸦皱起了眉头。

师：对啦，乌鸦还皱起了眉头，什么时候我们会皱眉头啊？

生齐：发愁的时候。

…………

生9：我还发现图上的小草也黄了，地上也很干，说明天气很热，乌鸦一定很渴。

师：你很关注细节，会结合图片来进行联想！

师：现在，我们再来看看第二幅图，和第一幅图相比，你又看到了什么？发现了什么？

生9：第一幅图上有很多小石子，现在小石子少了，都跑到瓶子里面去了。

师：你的眼睛也很锐利，观察到了这点不同！还有吗？

生10：乌鸦头上没有那滴汗了。

师：为什么没有那滴汗了啊？

生齐：因为它喝着水了。

生11：乌鸦的眉头也不再皱着了。

师：那它现在的表情是怎样的？

生齐：是笑着的，它喝到水了很开心。

…………

2. 相机识字

师：同学们可真会看图！（出示句子：一只乌鸦口渴了，到处找水喝）大家看看这句话，这句话里有两个很像的生字朋友，你能找出来吗？

生1："渴"和"喝"。

师：响亮一点，一个是"渴"，一个是"喝"。（师板书拼音）谁来说说，它们哪里很像？

生2：它们的右边很像。

师：它们哪里不一样呢？

生3："喝"是口字旁，"渴"是三点水。

师：为什么"喝"是口字旁，"渴"是三点水呢？

生4：因为喝水要用嘴巴喝，口渴了需要水。

师：答对了，因为喝水要用嘴巴喝，所以是口字旁。缺水了我们就会口渴，所以渴字是三点水。这两个字你能区分了吗？（出示"喝""渴"的生字卡片让学生认读，看谁反应快）

生：（认读）

师：现在老师来问：口字旁的是？（喝）三点水的是？（渴）"喝"是什么旁？"渴"是什么旁？（师反复问三遍）

师：真聪明，我们班的小朋友一点都没混淆。（出示句子：一只乌鸦口渴了，到处找水喝）现在谁愿意来读一读这个句子？

生5：一只乌鸦口渴了，到处找水喝。

师：非常准，谁来挑战他？你来试试看。

生6：一只乌鸦口渴了，到处找水喝。

师：我们一起来试试。

生齐：一只乌鸦口渴了，到处找水喝。

师：你们愿不愿意帮助乌鸦一起来找水呀？

生齐：愿意！

师：我们一起把手遮在自己的眼睛上，左边看看，有没有？

生齐：没有。

师：右边看看，有没有？

生齐：没有。

师：我们把手遮在眼睛上，那是古时候的一个字，你们知道那是什么字吗？

生齐：看。

师：别着急举手，看老师写出来，你们就知道是什么字了。

师：[板书：手（象形字）]你们知道这是什么字吗？

生齐：看！

师：对！这就是看字！上面是手字头，要把竖勾变成撇。下面是一个目字。你们说，为什么要把手放在眼睛上呀？这样怎么样？

生齐：这样可以看得清东西。

师：对！这样就可以把太阳光遮住，就可以看清东西，看得更清楚了。请同学们把手放在眼睛上，把这个字的笔顺看清楚。（教师书写"看"字）下面的"目"字是什么意思呀？

生齐：眼睛。

师：请同学们伸手书空，写一写"看"字。

（学生书空写"看"字）

3. 边看边讲

师：下面请同学们一起结合两幅插图，边看边讲一讲《乌鸦喝水》的故事，谁愿意来试一试？

（生看图讲故事）

三、随文识字词，品读课文

1. 品读课文

师：同学们的故事讲得真好！（出示课文的第1幅插图以及文中的第1自然段）同学们，请看课文中的第1自然段，看看课文是怎么讲《乌鸦喝水》的故事的呢？让我们一边读课文，一边画一画文中用了什么词来说明。

师：例如，小乌鸦找水喝，它是怎么找的？文中用了哪一个词语？

生齐："到处"。

师：小乌鸦找到水了吗？

生齐：找到了！

师：喝到水了吗？

生齐：没有。

师：为什么？文中用了一个词语——

生齐："可是"。

师：是的，水装在一个细口瓶里，水也很少，小乌鸦喝不到。

（出示课文的第1幅插图以及文中的第2自然段）

师：大家看看瓶子的旁边还有什么？小乌鸦想到办法了吗？

生齐：有许多小石子，可以利用。

师：是的，"许多"代表"很多"，许多的小石子，小乌鸦喝水可以用得上。刚才大家说到的词语，都可以在书本上圈出来。

2. 巩固字词

师：刚才同学们画出了不少词语，老师把这些词语一起呈现出来，我们一起大声读一读吧。（随机出示本课的生字和新词"喝水""口渴""可是""找到""瓶子""许多""小石子""办法"）开火车读，可以提出自己认为难读、难记的生字词，识记生字和新词。

3. 由扶到放
（展示课文的第 2 幅插图以及文中第 3 自然段）

师：小乌鸦喝到水了吗？如果你是小乌鸦，你能给我们讲讲你是怎么喝到水的吗？

生1：我把小石子一个一个放进瓶子里，然后就喝到水了。

师：把石子一个一个地放进瓶里，瓶里的水会有什么变化？

生2：水会升高。

师：怎样升高？

生3：一点一点升高。

师：为什么会有这种变化？

生4：因为石子是一个一个地放，所以水是一点一点地升高，慢慢升高。

师：书上用哪个词来说？

生齐："渐渐"。

师：大家一起把第 3 自然段读一读，起。

（生齐读）

师：什么是"渐渐升高"呢？（板书：渐渐）先不着急，你们想不想也像乌鸦一样试一试，是怎样喝到水的呢？想不想也当一回"乌鸦"？

生：（齐）想！

师：好！老师会给每个小组发一个瓶子，还有一包小石子，你们模仿乌鸦，和它做一样的事情，成功"喝"到水的小组告诉老师！

（学生开始动手操作）

师：把小石子一个一个地放进瓶子里，就像你们刚才做的，你发现瓶子里的水会有什么变化？

生3：水渐渐升高。

师："渐渐"是怎样的呢？

生4：是很快地升高。

师：请坐，你把小石子一个一个地放进瓶子，瓶子里的水是怎么变化的？

生5：是一点一点地升高的。

师：是很快升高的吗？

生6：不是，是一步一步地升高。

生7：是慢慢升高的。

…………

4. 能力拓展

（出示课文句子）

（1）瓶子里的水渐渐升高了。（2）天气渐渐热起来了。（3）_____渐渐_____。

师：你能用"渐渐"说一句话吗？

（学生口头说话，并把想好的句子写在语文书上）

5. 小结

师：这节课，我们认识了一只聪明的小乌鸦，它在遇到困难时，认真观察，动脑筋，想办法，真是了不起。在老师心里孩子们你们更棒，因为在这堂课上，你们也是不怕困难，开动脑筋，解决了老师交给你们的一个又一个难题！下面，让我们齐读课文，送给聪明的小乌鸦，也送给你们自己，一起来结束这节课吧！

（全班齐读课文）

（广州市天河区天府路小学　王彬）

印象课堂：《枫桥夜泊》

印象语文怎样把课堂还给学生

广州市天府路小学教师李婷是一位学科素养扎实、思维敏捷、热爱阅读的老师。上学期，我与她一起执教翠湖校区五年级的语文课。经过一段时间的观摩与思考，我非常欣喜地看到李老师的语文课堂越来越开放，观察到孩子们在李老师的课堂上眼神发生了微妙的变化，从刚开始对李老师引经据典、侃侃而谈的欣赏与羡慕，到越来越多的同学主动表达、互相补充、相互启发，不断发展。从仅仅关注老师到关注课堂分享的每一位同学，并且把握机遇表达自己，课堂上孩子们的参与面、参与度越来越高。特别好！

尤其是李老师执教的《枫桥夜泊》一课，大胆尝试，勇于"舍得"，课堂环节较以往减少，课堂上把大量的质疑、补充、总结的机会交还给学生，正所谓教学相长，学生的课堂呈现又给了李老师更大的勇气，把课堂还给孩子。本文就以李婷《枫桥夜泊》为例，简要说明印象语文怎样把课堂还给学生。

策略一：课堂的广度源于课前充分的预习

李老师在开课之际只做简单导入，不像过去那样向学生讲解诗人的经历、写作背景、诗歌大意等，而是向学生抛出问题之后，鼓励他们大胆提出不解、提出疑惑，同学之间互相解答，交流促进。

师：在读这首诗的过程中，你有什么不理解的或者想知道的吗？
生1：我不太理解诗题"枫桥夜泊"是什么意思，谁来帮帮我？
生2："枫桥"是一个地名，在江苏；"夜泊"是指诗人晚上乘船来到枫桥，就把船停靠在岸边。
生3：我还想补充一点，张继当时是因为没有考上状元，落榜了，很失意，就从京城返回老家，夜泊枫桥，难以入眠，就写下这首诗。
生4：我有不同看法，我之前查过资料，说是当时北方爆发了安史之乱，很多文人学士纷纷逃到了位于南方的浙江、江苏一带，逃避战乱，张继也是其中一个,他是因为战乱才来到枫桥。

生1:谢谢三位同学的帮助,不仅让我知道了诗题的字面意思,也了解到这首诗的写作背景。

生5:我不明白为什么张继可以听到远在姑苏城外的钟声呢?

生6:从题目中我们发现,现在是夜间,到处都很安静,钟声很容易穿透过来。而且张继此时此刻漂泊在外,辗转难眠,自然而然就能听到寒山寺的钟声了。

生7:我也能感受到张继的哀愁和难眠,但我对第二句诗"江枫渔火对愁眠"的"对"字不是很理解,有没有同学可以帮帮我?

生8:我在预习这首诗时,跟你有同样的疑问,于是我查了字典,发现"对"有"面向"的意思,我想也许是诗人张继来到枫桥,面对着眼前的江枫、渔火,愁绪渐起。

生9:我想,不光有江枫、渔火,还有前一句诗里提到的月落、乌啼、霜满天这些景物,这些景物都给人一种凄凉的感觉,很容易引发诗人的愁情,让独自漂泊的他分外想念家乡和亲人。

生10:我也有这样的感觉,读到这里的时候,我仿佛看见了张继翻来覆去睡不着,对着眼前的这些景物,诉说自己孤独、惆怅的场景,"对"字可能也有面对面倾诉的意思吧。

生7:谢谢同学们的帮助,我现在能够理解"对"字的意思了,还能感觉到诗人在对着这些景物倾诉忧愁,在写诗的时候又把情感融入了这些景物中,这又让我想到了老师以前告诉过我们的借景抒情的写作方法,让情和景融为一体。

生11:经过这么多同学的分析,我现在对这首诗的大致意思基本上理解了,但是我有一个疑问,第一句里诗人为什么写"霜满天"呢?霜明明是铺在地上的啊?

生12:对对,李白也在诗句中写过"床前明月光,疑是地上霜"。

生13:我猜想可能并不是真的有霜,而是弥漫的雾气,因为雾太重,就看起来像霜吧。

生14:我有不同的看法。既然我们都知道霜是凝结在地上的,张继这样的学士自然也会清楚,如果是雾的话,直接写"雾满天"不就行了吗?

生15:我同意生14的看法。我在想会不会是因为霜凝结在枫叶上,躺在船上看就像"霜满天"呢?

生16:霜满地是自然现象,而"霜满天"却能给人一种压抑的感觉,可能是诗人为了表达自己心中的愁太浓了,久久也散不去,故意写"霜满天"的吧。

生17：你的这种说法很新奇，我仿佛也感受到了那种被愁绪包围、笼罩的感觉了，很难受。我想这也是诗人的一种创造性的表达吧。

或许有些未接触过印象语文的老师们看了以上实录片段，会觉得有些难以相信，会认为课堂若是这样，老师都不用教了。我一直认为在教师的理念中，"教"与"学"的关系是尤其重要的。很多教师在多年的研究中致力于如何"教"，我怀疑这是否有一厢情愿之嫌。教师的"教"当以学生的"学"为思考的前提。所以我常常建议，青年教师在备课的时候，试着琢磨，若你是学生，你会怎么学？你想怎么学？怎样的学习才能让你兴致盎然，乐此不疲？这里必然要关注学生在学习过程中多种心理机制、学习动机的激发、学习成功感的获得、习得知识的一般过程，以及同伴合作学习的相关心理机制。

就以上片段而言，学生的交流让我们感受到印象语文课堂的张力，这种持续推进而带来的广度与深度或许是没有上限的。虽然没有上限，但要弄明白它的基础，这样的交流，必须要有充分地课前预习，而预习过程中强调的是真阅读、真思考、真质疑。为了实现这三个"真"，李老师前期是做了努力的。一是精心设计了课前小研究——我会学语文，引导学生阅读诗句，查找收集诗人、创作背景、相关主题的补充阅读资料，尝试在小研究中提出自己真实的问题。二是大量的小组学习实践为学生的自然对话与交流积累了经验，所以学生可以相互补充、相互回应，并且不断提出新的问题。三是课堂交流中民主、尊重氛围的营造，在课堂交流中，没有绝对对错，每个同学可以有不同的观点，每个人的观点都很重要。这样的氛围营造，李老师除了班会课、语文课上的交流外，在处理学生之间出现的各种问题时，不断强化，长时间的努力，打下良好的基础。

总而言之，当我们想要改变自己的课堂，除了教师理念的学习转换、认真备课之外，还要在课堂氛围、合作学习方式和课前预习的设计上下功夫。

策略二：把书读厚要找到能"撬动地球"的支点

李老师在课堂的三分之二节点设计了引导学生联系课外阅读和以往所学，向外走的交流环节。

师：张继把愁绪寄托给了钟声，你还知道哪些诗人把愁绪寄托给了哪些景物呢？

生1：我还知道李白在"举头望明月，低头思故乡"这句诗中，把思乡之愁寄托给了明月。

生2：杜甫在"露从今夜白，月是故乡明"中也把思乡之愁寄托给了月亮。

生3：还有张九龄的"海上生明月，天涯共此时"也是把愁寄托给明月。

生4：很多诗人都喜欢借月亮表达思乡之情，我还背过苏轼的《水调歌头》，第一句就是"明月几时有，把酒问青天"。除了月亮之外，酒也常常被古人用来解愁。

生5：是啊是啊，曹操就写过"对酒当歌，人生几何？譬如朝露，去日苦多"这样的诗句，想要以酒来解愁。

生6：还有李白的"花间一壶酒，独酌无相亲"。

生7：我还想到了"浊酒一杯家万里，燕然未勒归无计"这句诗。

生8：同样的还有"抽刀断水水更流，举杯消愁愁更愁"，虽然他们都想借酒消愁，但往往醒来之后更加愁闷。

生9：我还知道李煜在"问君能有几多愁，恰似一江春水向东流"中把愁绪寄托给了江水。

生10：我还知道贺铸在"试问闲愁都几许？一川烟草，满城风絮，梅子黄时雨"中把愁寄托给了烟草、柳絮和雨。

生11：说到雨，我也想到"清明时节雨纷纷，路上行人欲断魂"中也是把愁寄托给了雨。

生12：还有秦观也是在"自在飞花轻似梦，无边丝雨细如愁"把愁寄托给了细雨，一到阴雨连绵的时候，我也会不由自主地有点烦闷。

师：从以上同学的分享中，你们发现了什么呢？

生13：很多诗人都会把愁情寄托在月、酒、雨这些事物上，这好像成了一种习惯、一种方法。

生14：我发现虽然很多诗人把愁寄托在月亮、酒、雨这些常见的事物上，可是张继却偏偏把愁寄托给了寒山寺的钟声，这种情况比较少见。

生15：虽然说写寒山寺的钟声的诗很少，但我在课前查阅资料的时候，看到陆游写过"七年不到枫桥寺，客枕依然半夜钟"，陆游在这首诗也提到了枫桥寺和夜半钟声。

生16：结合以上几位同学的发言，我发现虽然在张继之前很少有人写寒山寺的钟声，但可能因为这首诗名气太大，后来就有诗人借用在自己的诗句里了。

师：这，就是《枫桥夜泊》流传至今的原因！这，就是经典的力量！

在以上片段中，李老师的引导与点拨可谓之"巧"字。我想用"引—托—拓"来表达。当下的语文课堂上，大部分老师都注重课外阅读，但大多效果不佳，究其原因，可谓刻板、生硬、教条。李老师以"张继把愁绪寄托给了钟声，你还知道哪些诗人把愁绪寄托给了哪些景物呢？"引领学生调动阅读积累，古诗中关于"愁绪"的作品何其多，学生可以有好多的话说，解决了"有话说—丰富"的问题。在学生积极分享过程中，教师以"从以上同学的分享中，你们发现了什么呢？"可谓是话锋一转，更有深度。引导学生关注刚才发言的同学分享的那些诗人、那些意象，而张继之不同给学生顿悟之感。学生在发现中总结，在思辨中提升。一引一托让我们再次感受到印象语文这种可以伸展的张力。最后的"拓"看似普通，但很好的回归了主题，使学生所有的分享有了整体之感！

印象语文强调从"把书读薄"到"把书读厚"，希望老师们能在这一空间里构建自己的个性化课程。把书读薄，可以有选择权，可以"舍"，但这不是随意地丢弃，是以基于目标的深度理解为前提。把书读厚，需要有一个支点，李老师课堂中"愁绪"是一种支点；枫桥、姑苏城也可以是一个支点；在本课中，吟唱也可以成为一种支点。所以，支点是教师可以选择的，印象语文只强调，无论你选择哪一种支点，请你先试着看看它可能带来的距离是不是够远。（此处是指问题带出的可能答案是否多元，答案绝不能是唯一）一般来说，我们会选择选项多的支点。

本课体现的是，印象语文把课堂还给学生所达成的效果。

（广州市天河区天府路小学　欧阳琪）

《枫桥夜泊》教学设计及反思

【教材分析】

部编教材第七单元以"四时景物皆成趣"为主题编排了《山居秋暝》《枫桥夜泊》《长相思》这三首古诗词和《四季之美》《鸟的天堂》《月迹》这三篇精课文，其内容不仅有景色的动、静之美，变化之趣，也融入了作者独特的情感体验。本单元有两个语文要素：其一，初步体会景物的静态美和动态美；其二，学习描写景物的变化。

课内教材《枫桥夜泊》是唐代诗人张继在安史之乱后途经寒山寺时写下的一首羁旅诗。此诗精确而细腻地描述了一个客船夜泊者对江南深秋夜景的观察和感受，勾画了月落乌啼、霜天寒夜、江枫渔火、孤舟客子等景象，有景有情有声有色。此外，这首诗也将作者羁旅之思，家国之忧，以及身处乱世尚无归宿的顾虑充分地表现出来，是写愁的代表作。

课外阅读《宿枫桥》《泊枫桥》《夜雨题寒山寺》等虽然创作于不同的时

代,但都是以寒山寺的钟声为情感载体,表达愁绪的古诗,体现了一代代诗人对寒山寺钟声、对张继的追念,也体现了寒山寺的钟声已成为中华民族的一种文化符号,一直回荡在人们的心间。

【学情分析】

翠湖校区五年三班的学生刚刚开始尝试印象语文的课堂模式,还不熟悉教材和课外书整合在一起的学习方式。不过该班的学生阅读量较大,阅读品质高,思维活跃,善于合作学习,喜欢交流互动,能围绕某一个话题,发散思维,不断拓展。该班的学生也善于思考和发现,能够在联想、拓展、归纳、总结等方式产生新的发现。

【教学目标】

(1)细读文本,通过景物描写,了解诗歌内容,体会诗人的愁绪。
(2)通过诗句拓展阅读,进一步理解寒山寺的钟声,感受经典诗作《枫桥夜泊》的魅力。

【教学重、难点】

细读文本,通过景物描写,了解诗歌内容,体会诗人的愁绪,感受寒山寺的钟声这一经典意象的意蕴。

【教学过程设计】

教学环节	目标及内容(知识、能力)	教学策略(情境、模式、方法等。注意学生学习方式设计)	评价与落实(量表、作业、表现性评价内容等)	时间分配
畅谈初印象(生生、师生交流关于这首诗,有什么不明白的或者想知道的)	通过畅谈对这首诗的印象,以及多向交流不明白的或者想知道的,了解诗歌的内容,初步感受作者描绘的景物特点和蕴含其中的情感	交流与碰撞: 师生对话——教师鼓励学生大胆表达,并规范学生的语言 生生对话——教师相机点拨学生的回答,引导学生思维的角度	1. 倾听学生的回答,了解学生对诗歌的理解深度和表达能力 2. 了解学生联想的维度,并相机补充	10分钟

（续表）

教学环节	目标及内容（知识、能力）	教学策略（情境、模式、方法等。注意学生学习方式设计）	评价与落实（量表、作业、表现性评价内容等）	时间分配
交流中印象（生生交流从诗中的哪些地方感受到诗人怎样的情感）	细读文本，通过融情于景、借景抒情等手法，以及钟声等意象感受诗人的愁绪	交流与碰撞：师生对话——教师鼓励学生大胆表达，并规范学生的语言生生对话——教师相机点拨学生的回答，引导学生思维的角度	1. 倾听学生的分享，了解学生对诗歌情感的理解程度 2. 了解学生的感受、表达，并相机指导	20分钟
深入后印象（生生、师生交流还有哪些诗人把愁绪寄托给了哪些景物）	通过联想和拓展阅读，引导学生主动链接以往的诗词积累，从中发现关于诗歌意象的秘密	1. 学生回顾以往阅读积累，分享寄托愁绪的诗句 2. 教师引导学生从分享中发现意象的秘密，感受寒山寺的钟声这一文学意象的创新性 3. 教师引导学生通过拓展阅读其他描写寒山寺钟声的诗句，感受寒山寺的钟声这一文学意象的经典魅力	从一首诗词到多首诗词、从一个时代到多个时代，在学生的分享中了解学生链接、总结、发现的能力，以及对古典诗词的领悟能力和鉴赏能力，感受经典诗词的穿越时空的无限魅力	10分钟

【教学反思】

"印象语文"重在课内、课外的链接，鼓励师生之间、生生之间不断交流、碰撞，动态生成。因为曾在观摩印象语文课堂中感受过这样的力量，并惊叹于它的丰富、精彩、灵动，于是在日常上课中，我也开始尝试这样的方法，给予学生更多交流、对话的机会，引导学生从课内走向课外，有意识、有目的地连接课外，迁移所学，再从课外回到课内，形成对于课文内容更深刻、更全面的理解。虽然还没领略到"印象语文"的精髓，只能在形式上笨拙地模仿，但即使只是这种形式的尝试，我也总能收获意想不到的惊喜。

我在天府路小学翠湖校区五年三班执教《枫桥夜泊》这首诗时，简单导入之后，不再像以前那样直接向学生讲解诗人的经历、写作背景、诗歌大意等，而是向学生抛出问题"在读这首诗的过程中，你有什么不理解的或者想知道的吗?",鼓励他们大胆提出不解、提出疑惑,同学之间互相解答,交流促进。一开始我也疑惑他们是否能够顺利进行,后来发现只要通过充分的课前预习,不仅能够有效完成教学目标,还能有意外的惊喜。

事实上,学生在不断地提问、交流中,就基本了解了这首诗的主要内容,初步感受到了这首诗的艺术特色,还挖掘出一些往往被忽略的"宝藏",通过猜想推测、补充资料,形成了对这首诗独特而新颖的理解。课堂不再是老师讲、学生听,而是大家讲、大家听。用一个思考去触发另一个思考,用一种表达呼应另一种表达,课堂在倾听、交流中基于学生的需要,顺应学生的思维层层推进,生成一段段精彩。

而当老师用一个话题激起同学们的兴趣,调动他们积极主动地去回忆所学、去连接课外时,学生也有了一次机会展现自己的课外阅读积累,对课外阅读的兴趣也会有所提升。同时,众人拾柴火焰高,集体的智慧总是不容小觑。你一句、我一句,很快课堂上就回荡着各种各样表达愁绪的诗句。当这么多的诗句被唤醒、被提及的时候,也就提供了发现、思考、总结的契机,学生更容易发现它们的共同之处和不同之处,发现文本的秘密,自己感受经典的力量,而不是简单地被告知、被灌输。

"印象语文"就是这样在每一节常规课中,尽可能地给学生提供广阔的、自由的、灵动的交流机会;调动学生积极地、主动地、广泛地查阅资料、拓展阅读;引导学生在课内、课外之间来回畅游;在多维度的连接中,碰撞出新的印象,形成对于课文独特的、由浅而深的印象。

(广州市天河区天府路小学　李婷)

附:《枫桥夜泊》教学实录

师:在群星闪耀的唐朝,有一位诗人,他算不上什么大家,流传下来的作品也只有三十余首。如果那首千年绝唱没有留存下来,可能后人早已忘记了他的名字。这首千古绝唱便是《枫桥夜泊》,这位诗人就是张继。而诗中提到的"寒山寺"也拜他所赐,成为远近闻名的游览胜地。读了《枫桥夜泊》这首诗,让你印象最深刻的是什么呢?这让你又联想到什么呢?可以是一首诗、一篇文章、一个人、一种景物、一幅画面、一个故事等等。

生1:我联想到了一些其他写"愁"的诗句,比如"举头望明月,低头思故乡"。

生2：我联想到的是"我寄愁心与明月，随风直到夜郎西"。

生3：我联想到了孟浩然，他也曾乘船到一个地方，也抒发了"愁"情，这首诗的前两句写的是"移舟泊烟渚，日暮客愁新"，我觉得跟《枫桥夜泊》很像。

生4：我曾经看过一幅油画，也是这样的情景，给人以孤独、漂泊的感觉。

师：同学们联想的内容真丰富！每首诗、每篇文章都是散落在文学海洋的一座座小岛、一块块礁石，彼此之间有成片成片的海水将他们彼此勾连。我们在饱览这首诗的风光时，也不要忘了去其他的小岛参观参观。我们先来品味一下这首诗。在读这首诗的过程中，你有什么不理解的或者想知道的吗？

生1：我不太理解诗题"枫桥夜泊"是什么意思，谁来帮帮我？

生2："枫桥"是一个地名，在江苏，"夜泊"是指诗人晚上乘船来到枫桥，就把船停靠在岸边。

生3：我还想补充一点，张继当时是因为没有考上状元，落榜了，很失意，就从京城返回老家，夜泊枫桥，难以入眠，就写下这首诗。

生4：我有不同看法，我之前查过资料，说是当时北方爆发了安史之乱，很多文人学士纷纷逃到了位于南方的浙江、江苏一带，逃避战乱，张继也是其中一个，他是因为战乱才来到枫桥。

生1：谢谢3位同学的帮助，不仅让我知道了诗题的字面意思，也了解到这首诗的写作背景。

生5：我不明白为什么张继可以听到远在姑苏城外的钟声呢？

生6：从题目中我们发现，现在是夜间，到处都很安静，钟声很容易穿透过来。而且张继此时此刻漂泊在外，辗转难眠，自然而然就能听到寒山寺的钟声了。

生7：我也能感受到张继的哀愁和难眠，但我对第二句诗"江枫渔火对愁眠"的"对"字不是很理解，有没有同学可以帮帮我？

生8：我在预习这首诗时，跟你有同样的疑问，于是我查了字典，发现"对"有"面向"的意思，我想也许是诗人张继来到枫桥，面对着眼前的江枫、渔火，愁绪渐起。

生9：我想，不光有江枫、渔火，还有前一句诗里提到的月落、乌啼、霜满天这些景物。这些景物都给人一种凄凉的感觉，很容易引发诗人的愁情，让独自漂泊的他分外想念家乡和亲人。

生10：我也有这样的感觉，读到这里的时候，我仿佛看见了张继翻来覆去睡不着，对着眼前的这些景物，诉说自己的孤独、惆怅的场景，"对"字可能也有面对面倾诉的意思吧。

生7：谢谢同学们的帮助，我现在能够理解"对"字的意思了，还能感觉到诗人在对着这些景物倾诉忧愁，在写诗的时候又把情感融入了这些景物中，这又让我想到了老师以前告诉过我们的借景抒情的写作方法，让情和景融为一体。

生11：经过这么多同学的分析，我现在对这首诗的大致意思基本上理解了，但是我有一个疑问，第一句里诗人为什么写"霜满天"呢？霜明明是铺在地上的啊？

生12：对对，李白也在诗句中写过"床前明月光，疑是地上霜"。

生13：我猜想可能并不是真的有霜，而是弥漫的雾气，因为雾太重，就看起来像霜吧。

生14：我有不同的看法。既然我们都知道霜是凝结在地上的，张继这样的学士自然也会清楚，如果是雾的话，直接写"雾满天"不就行了吗？

生15：我同意生14的看法。我在想会不会是因为霜凝结在枫叶上，躺在船上看就像是"霜满天"呢？

生16：霜满地是自然现象，而"霜满天"却能给人一种压抑的感觉，可能是诗人为了表达自己心中的愁太浓了，久久也散不去，故意写"霜满天"的吧。

生17：你的这种说法很新奇，我仿佛也感受到了那种被愁绪包围、笼罩的感觉了，很难受。我想这也是诗人的一种创造性地表达吧。

师：看来，在互相的提问、解疑、交流中，同学们已经对这首诗的内容、写作背景、写作特点有了比较全面的理解了。我们常说，诗言志，歌永言，诗歌就是表达思想情感的。你从诗中的哪些地方感受到诗人怎样的情感呢？请有理有据地谈一谈。

生1：我从"月落""乌啼""霜满天"等让人感到有些凄凉的景色描写中，感受到诗人内心有点悲凉、孤独、哀愁。

生2：我从"对愁眠"这三个字中看出来，诗人直接表达了"愁"的感受。

生3：夜半时分，诗人竟然还能听到寒山寺的钟声，说明他辗转反侧、难以入睡，我从这儿也感受到他心里可能比较难受，想念家里的亲人。

师：是啊，诗人在描绘这些景物的时候，是蕴含着自己的内心情感的，这些融入了自己情感的景物就叫作意象。在诗歌的前两句，诗人张继把这些意象紧密地组合在一起，表达了心中挥之不去的愁苦。就在诗人孤苦无依、辗转难眠之时，姑苏城外寒山寺的钟声，飘荡到他的客船。一声两声三声。让我们一起伴着钟声，再一次朗读全诗。

（生齐读全诗）

师：结合全诗，想一想：如果你是那时的张继，在听到寒山寺的钟声时，你的心情会发生怎样的变化呢？

生1：钟声仿佛敲打着他的无眠，让他更加惆怅。

生2：钟声好像一个朋友陪伴着他，让他得到了一丝丝的慰藉。

生3：钟声洗涤着他的灵魂，让他不再那么烦恼。

师：钟声到底给张继带来了怎样的感受，我们已不得而知。但显然易见的是，张继笔下这寒山寺的钟声，穿越了悠悠时空，给几千年后尚且年幼的你们也带来许许多多的感触了。古往今来，写愁眠的诗歌数不胜数。只是，他们寄托愁绪的方式、景物有所不同。张继把愁绪寄托给了钟声。你还知道哪些诗人把愁绪寄托给了哪些景物呢？

生1：我还知道李白在"举头望明月，低头思故乡"这句诗中，把思乡之愁寄托给了明月。

生2：杜甫在"露从今夜白，月是故乡明"中也把思乡之愁寄托给了月亮。

生3：还有张九龄的"海上生明月，天涯共此时"，也是把愁寄托给明月。

生4：很多诗人都喜欢借月亮表达思乡之情，我还背过苏轼的《水调歌头》，第一句就是"明月几时有，把酒问青天"。除了月亮之外，酒也常常被古人用来解愁。

生5：是啊是啊，曹操就写过"对酒当歌，人生几何？譬如朝露，去日苦多"这样的诗句，想要以酒来解愁。

生6：还有李白的"花间一壶酒，独酌无相亲"。

生7：我还想到了"浊酒一杯家万里，燕然未勒归无计"这句诗。

生8：同样的还有"抽刀断水水更流，举杯消愁愁更愁"，虽然他们都想借酒消愁，但往往醒来之后更加愁闷。

生9：我还知道李煜在"问君能有几多愁，恰似一江春水向东流"中把愁绪寄托给了江水。

生10：我还知道贺铸在"试问闲愁都几许？一川烟草，满城风絮，梅子黄时雨"中把愁寄托给了烟草、柳絮和雨。

生11：说到雨，我也想到"清明时节雨纷纷，路上行人欲断魂"中也是把愁寄托给了雨。

生12：还有秦观也是在"自在飞花轻似梦，无边丝雨细如愁"把愁寄托给了细雨，一到阴雨连绵的时候，我也会不由自主地有点烦闷。

师：从以上同学的分享中，你们发现了什么呢？

生13：很多诗人都会把愁情寄托在月、酒、雨这些事物上，这好像成了一种习惯、一种方法。

生14：我发现虽然很多诗人把愁寄托在月亮、酒、雨这些常见的事物上，可是张继却偏偏把愁寄托给了寒山寺的钟声，这种情况比较少见。

生15：虽然说写寒山寺的钟声的诗很少，但我在课前查阅资料的时候，看到陆游写过"七年不到枫桥寺，客枕依然半夜钟"，陆游在这首诗也提到了枫桥寺和夜半钟声。

生16：结合以上几位同学的发言，我发现虽然在张继之前很少有人写寒山寺的钟声，但可能因为这首诗名气太大，后来就有诗人借用在自己的诗句里了。

师：这，就是《枫桥夜泊》流传至今的原因！这，就是经典的力量！一代代诗人把一段段愁绪寄托给了明月、秋叶、柳絮等等，而张继却别具一格地寄托给了寒山寺的钟声，让这钟声穿越千年的时空，敲打着一代又一代人的心。在此之前，还没有人像张继这样把愁绪寄托给了钟声。而在张继之后，尽管有很多人写过钟声，但没有一个人写得像张继这样扣人心弦，感人肺腑。从此以后，除了"明月千里寄相思"，除了"举杯消愁愁更愁"，除了"恰似一江春水向东流"，在中国诗人的心中，又多了一种寄托愁绪的美好景物，那就是——钟声！这钟声穿越时空、穿越历史，在一代又一代的诗人笔下悠悠回荡。你们课前查阅到哪些人还写过寒山寺的钟声呢？

生1："几度经过忆张继，月落乌啼又钟声"。

生2："十年旧约江南梦，独听寒山半夜钟"。

生3："留恋的钟声还在敲打夜的无眠，尘封的日子始终是一篇云烟"。

师：一千两百多年过去了，这温暖的钟声仍在悠然飘荡，这就是经典的力量。今天，你学习了《枫桥夜泊》，当你再次听到寒山寺的钟声时，你的心里会不会有种别样的情绪呢？外国人不会，但中国人一定会。这寒山寺的钟声，不需要言语的解说，它会自然而然地敲打我们的心。因为这是诗人张继留给我们的，单单属于我们中华民族的文化符号。

（广州市天河区天府路小学　李婷）

印象课堂:《草船借箭》

让人物印象在对话中生成

一部《三国演义》，人物何止万千。若任学生泛泛去读，不只耗时耗力，更难免水过鸭背。究其原因，不外有二：学生脑中的人物印象单一重复，无对话的必要；学生脑中的人物印象各自孤立，无对话的可能。如何让人物印象自然而然地在学生脑海中不断丰富，从而让人物印象在对话中生成？张睿老师的课例《草船借箭》，为我们提供了一些思考和参考。

生27：大概意思就是说，周瑜夸诸葛亮神机妙算，但诸葛亮回答说"何足为奇"。从中可以看出诸葛亮很谦虚。下面有请生5发言。

生5：我想谈的是，诸葛亮是个很忠诚的人。我们都知道，诸葛亮遇到了这么多的难题，都是因为他接受了刘备的邀请出山。而他从来都没有抱怨过，有句话叫作"鞠躬尽瘁，死而后已"，就是来形容诸葛亮的。下面有请生13总结。

生13：我要来总结。诸葛亮，字孔明，号卧龙，琅琊阳都人，三国时期蜀汉丞相，杰出的政治家、军事家、文学家、书法家、发明家。水镜先生司马徽曾对刘备说，"卧龙、凤雏得一可安天下"，"卧龙"指的就是诸葛亮。诸葛亮的一生，可分为躬耕陇亩、隆中对策、初出茅庐、赤壁斗智、定鼎荆益、先主托孤、北伐中原、病重而逝这些阶段，我们课文里的《草船借箭》，讲的就是赤壁斗智这个阶段的故事。诸葛亮虽然神机妙算，为人却十分谦虚谨慎，为了实现自己对刘备的承诺，忠诚地努力着。我们小组的发言完毕，谁与我们交流？

生18：我要为孔明小组补充。我也查到了诸葛亮的故事。其实，赤壁之战刚开始的时候，东吴有很多人都很害怕曹操，想过投降，甚至包括孙权本人。是诸葛亮说服了他们，孙刘联手，共同抵抗曹操的侵略。所以我觉得，诸葛亮还是一个勇敢的人。

…………

这些学生相互倾听、补充、质疑、解答、总结的场面，来自张睿老师的高年段印象语文课例——《草船借箭》。

张老师的这次大胆尝试，首先具备一个重要前提——将人物印象视作持续的动态建构过程。人物是动的，品读人物的人，也是动的。课文中的人物印象，在张老师看来，只是建构的起点，而非终点。

让学生充分展开对话，是张老师实现人物印象动态建构过程的主要方式。分角色朗读、人物形象分析、人物对对碰、人物漫谈、人物小研究……张老师通过一系列阅读活动，让学生在聚焦人物本身之后有话可说。有了对话的可能，就有了交集和互补的可能，也就有了建构的可能。

扶放结合，不断"接抛球"，是张老师在人物印象动态建构过程中的具体做法。对于组织能力较差的小组，张老师及时出手，发挥教师的引导作用；相反，对于能力较强的小组，张老师充分放手给学生进行自组织。如此，学生关于人物的了解与印象逐渐在对话中互动生成。

（广州市天河区天府路小学　欧阳琪）

《草船借箭》教学设计及反思

【教材分析】

《草船借箭》是人教版小学语文第十册第19课，实际上是《三国演义》第四十六回"用奇谋孔明借箭　献密计黄盖受刑"前半部分的简化版。本课以三国时期的赤壁之战为背景，以"借箭"的矛盾冲突为主线，故事情节紧凑，人物形象鲜明，是引导学生开展人物分析以及古典名著阅读的理想起点。

【学情分析】

可以说，对这篇文章的故事，绝大部分学生已比较熟悉，几无悬念。对于文中人物的把握，不同的学生则参差不齐：文本解读能力较强、阅读量较大的学生已经走向复杂整体印象，只需梳理；而与之相对，文本解读能力较弱、阅读量不足的学生恐怕还停留在单一局部印象上，仍需拓展。

【教学思路】

根据以上教材分析及学生分析，教学重心应该放在两个方面：一是引导学生多角度、多层次地品评人物并产生思考；二是激发学生对原著的阅读兴趣。实际上，这两者相辅相成。

【教学目标】

（1）通过引导分享与对话，激发学生对人物印象持续深入地进行建构。
（2）通过指导比较与交流，激发学生对原著的阅读兴趣和深入思考。
（3）通过指引读写结合，鼓励学生学以致用，将从课文及原著当中借鉴到的人物形象构建原理和处理技巧，应用到自身写作当中去。

【教学重、难点】

1. 重点
（1）创设情境，指导学生通过朗读、写作等方式，在不断解读课文和原著的过程中，构建属于自己的人物印象。
（2）展开对话，引导学生有理有据地分享自己的观点并相互补充。

2. 难点
让学生试着从印象建构的阅读者转变为构建印象的写作者。

【教学准备】

1. 课前先学提纲。
2. 多媒体课件。

【教学过程设计】

第一阶段：朔——通读课文，印象初始
（第1课时）

环节与时间	教师活动	学生活动	设计意图
通读《草船借箭》	（板书课题，出示PPT）同学们，今天我们来学习第19课《草船借箭》。首先，请同学们自读课文，并把不会读的生字圈画出来，查字典并标音	自读课文，读准生字读音	为朗读扫清障碍

（续表）

环节与时间	教师活动	学生活动	设计意图
通读《草船借箭》	示范朗读	倾听、感悟	创设情境，拉近学生与文本的距离
	领读（师生交替读的形式）	跟读（师生交替读的形式）	
	引导小组学习，巡视指导	小组交流朗读，读通课文	
人物形象分析	同学们，请大家把你对文中人物的初印象写下来、画出来，用这个"人物形象分析小工具"（出示）	完成"人物形象分析小工具"	学生在朗读感悟后的书面表达中建构了自己对课文人物的初印象
	巡视指导		

第二阶段：弦——走向原著，印象丰富
（第2课时、第3课时）

环节与时间	教师活动	学生活动	设计意图
印象《三国演义》《草船借箭》	（板书课题，出示PPT）同学们，《草船借箭》选自古典名著《三国演义》，是其中最为经典的故事之一，以文学、戏曲、绘画、手工艺品等表现形式为人传颂。那么，《草船借箭》和《三国演义》，又给你留下了怎样的印象呢？请你谈一谈，可总体说，也可选择其中的人物、情节或环境来说	分享交流	从学生的起点入手，为本课的探究和拓展学习做好铺垫
《草船借箭》中令你印象深刻的人物	（之一）请大家思考一个问题："草船借箭"这条计谋，为什么能取得成功呢？请结合其中的人物、情节或环境来谈一谈，可结合课文，也可结合原著	思考、朗读	用问题来引导学生从新的角度和更深的层次来关注人物，开始为讨论"情节或环境当中的人物"埋下伏笔
	引导小组学习，巡视指导	依据小组学习要求，展开小组学习与讨论	引导学生围绕课文和原著展开探究学习

（续表）

环节与时间	教师活动	学生活动	设计意图
《草船借箭》中令你印象深刻的人物	引导分享与对话：关于"草船借箭"成功的原因	汇报个人自学、小组学习的成果，交流对话	学生在主题表达中建构着自己对人物的新的印象
	总结"草船借箭"成功的原因：知天时、晓地利、通人和	倾听、思考	学生对人物的印象走向深度概括
	（之二）再谈《草船借箭》中印象深刻的人物（要同时谈两个人物，并说明理由和联想）	默读、思考，表达自己的发现	通过关联与对比，引导学生发现人物形象差别与人物关系之间的玄机，为讨论"情节与环境当中的人物"而埋下伏笔
	引导小组学习，巡视指导	依据小组学习要求，展开小组学习与讨论	引导学生围绕课文和原著展开探究学习
	引导分享与对话：关于《草船借箭》中印象深刻的人物	汇报个人自学、小组学习的成果，交流对话	学生在主题表达中建构着自己对人物的新的印象，并开始触发对人物印象的思考
《三国演义》中你最喜欢的人物	给大家介绍《三国演义》中你最感兴趣的人物、情节或环境，并说明理由	个性表达	进一步激发学生阅读原著、分享交流的兴趣，并埋下重新深度思考的种子

第三阶段：望——漫谈人物，印象多面
（第 4 课时、第 5 课时）

环节与时间	教师活动	学生活动	设计意图
《三国演义》中你最喜欢的人物	（板书课题，出示 PPT）同学们，今天我们继续来谈谈你最喜欢的三国人物。这一次请你只谈一个人物，我们要结合原著谈出他的至少三个特点。所以，请同学们踊跃发言，只谈别人没有谈过的点，看谁补充得最多、最全面	默读、思考，为发言做准备	引导学生对人物印象进行拓展和深化
	引导小组学习，巡视指导	依据小组学习要求，展开小组学习与讨论	引导学生围绕原著展开探究学习
	引导分享与对话：关于《三国演义》当中你最喜欢的人物	汇报个人自学、小组学习的成果，交流对话	学生在主题表达中建构着自己对人物的新的印象
总结	同学们的分享真是精彩！看来，好像很简单的人物，其实当我们深入挖掘之后，发现其实并不简单！人物是复杂的，特别是当置身于具体的情节和环境当中时。请同学们根据自己的准备和课上的补充，完成研读报告——三国人物评传。	倾听、思考	引导学生对人物印象朝复杂化、多面化的方向发展，并为下堂课讨论"情节和环境当中的人物"做好过渡

第四阶段：晦——有取有舍，构建印象
（第6课时）

环节与时间	教师活动	学生活动	设计意图
笔下人物，取舍有因	根据同学们的讨论和研究，诸葛亮、周瑜、鲁肃、曹操这四个人物在原著中都称得上是主要人物。不仅如此，原著第四十六回当中，还有毛玠、于禁等人物出场。对比一下，本课作者对这些人物分别是怎样处理的？为什么？	倾听、思考	回归课文，引导学生关注作者的写作目的和写作手法
	引导小组学习，巡视指导	依据小组学习要求，展开小组学习与讨论	引导学生围绕原著与课文展开探究学习
	引导分享与对话：本课作者对原著中的人物分别是怎样处理的？为什么？ 相机点拨	汇报个人自学、小组学习的成果，交流对话	
	小结 小说包含三要素：人物、情节和环境。其实，后两者都离不开人物：人物所处的各种背景与场面，就是环境；人物间发生的各种关系，就是情节。当人物身处环境与情节当中时，刻画人物才是作者最重要的写作目的，环境与情节都必须为之服务。当作者想着力刻画一个主要人物的时候，同样身在情节与环境之中的其他人物，就需要我们技巧性地加以改造——或让他交代情节，或让他侧面衬托，没有任何用处的人物，我们干脆可以删去。而复杂的主要人物，为了刻画	倾听、思考	让学生从人物印象主观建构中暂时走出来，引导他们从作者的角度对"如何构建人物印象"产生思考

（续表）

环节与时间	教师活动	学生活动	设计意图
笔下人物，取舍有因	出他最鲜明的形象，我们可以着力描写最想表现的那个特点，而忽略他其他的特点。这就告诉我们，必须有好的谋篇布局，才能像本课作者罗贯中先生那样，构建出令人印象深刻的人物		
《三国演义》我来改	选择《三国演义》当中你最喜欢的一个故事进行改写，重点突出刻画你最喜欢的那个人物，要让他的特点令人印象深刻。对其他人物，可以适当把握	思考、写作	让学生试着从印象建构的阅读者变为构建印象的写作者

【教学反思】

《草船借箭》是人教版小学语文第十册第19课，实际上是《三国演义》第四十六回"用奇谋孔明借箭　献密计黄盖受刑"前半部分的简化版。本课以三国时期的赤壁之战为背景，以"借箭"的矛盾冲突为主线，故事情节紧凑，人物形象鲜明，是引导学生开展古典名著原文阅读的理想起点。

人物形象扁平化是本课最大的特色。"扁平人物"和"圆形人物"这一对概念由爱德华·摩根·福斯特于17世纪在《小说面面观》一书中提出，是从审美感受上来区分人物形象的典型方式。扁平人物是指形象特征较为单一、给人印象鲜明强烈的人物，与之相对，圆形人物则是指形象特征多元立体、性格张力内蕴丰富的人物。本课中的四个人物，历来都是被作为扁平人物而打上标签——"神机妙算"的诸葛亮、"妒贤嫉能"的周瑜、"忠厚老实"的鲁肃、"生性多疑"的曹操。

而走进原著以后，我们会发现，以上四个人物其实都具有圆形特征：孔明确是神机妙算，却也有自信失察的微瑕；周瑜妒贤嫉能不假，但也可称识大势谋大局的一代名帅；忠厚老实的鲁肃，为了吴国的利益，设下了杀关羽夺荆州的单刀会；更不消说一代奸雄曹操，毁誉参半，见仁见智，盖棺至今尚无定论。这些人物既有复杂的性格特征，更离不开身处的社会背景，罗贯中正是在整部长篇小说中，故意让他们置身于起伏的情节发展与复杂的环境变化之中，才使人物形象丰满鲜活，跃然纸上。因此，激发学生阅读原著的兴趣，引导学生结合原著中的情节和环境多角度、多层次地品评人物,对于提高学生的语文综合素养大有裨益。

另一方面,将圆形人物扁平化处理,同样是本课作者的精心设计。为了穿针引线地带出情节而又不至于喧宾夺主,某些人物必须被扁平化处理,比如本课当中的鲁肃和曹操;为了刻画主要人物,其他人物必须担当起侧面衬托的角色而被扁平化处理,比如本课当中的周瑜之于诸葛亮;而即使是主要人物,为了将他最鲜明的形象展现给读者,也可以技巧性地加以扁平化处理,比如本课当中的诸葛亮。这种写作技巧,对于五年级的学生来说,具有很大的借鉴价值——在习作中(如本单元习作:缩写、第七单元习作《一个特点鲜明的人》),完全可以拿来就用。同时,对于突破一贯的难题"侧面描写",对本课人物处理方式的相机点拨,也可以起到很大作用。

因此,我确定了"扁平—圆形—扁平"三步走的教学策略,拟通过群文阅读与"印象"动态建构的方式,让学生充分感受人物形象、拓展阅读并借鉴写法。教学分为四个阶段,根据人物印象的饱满程度,正好可以借用月相的"朔弦望晦"来划分。总共需要六个课时。

第一阶段:朔——通读课文,印象初始

在此阶段,我布置学生以《草船借箭》当中的人物形象"印象"为重点,反复朗读课文。用一节课来带读并让学生自行完成以下作业。

人物形象分析小工具

第二阶段：弦——走向原著，印象丰富

在这一阶段，我以"《草船借箭》和《三国演义》中令人印象深刻的人物或情节"为主线展开教与学，目的在于打通学生的课内外，深化学生对人物的理解，并为第四阶段交流"情节和环境当中的人物"埋下一颗种子。

交流前，学生以"我会学语文"为自读框架并走进原著，重点阅读描写赤壁之战的第四十三回至第五十回。用两节课给学生自由分享，展开自由对话。

我会学语文《草船借箭》

◎ 印象《三国演义》《草船借箭》（可总体说，也可选择其中的人物、情节或环境来说）

◎《草船借箭》中令你印象深刻的人物、情节或环境，说说你的理解以及阅读时还想到什么？

之一：草船借箭的成功

之二：《草船借箭》中印象深刻的人物（两个人物，说明理由和联想）

◎《三国演义》中你最感兴趣的人物、情节或环境，给大家介绍并说明理由。

第三阶段：望——漫谈人物，印象多面

在这一阶段，学生要做的是，用两节课的时间对自己最喜欢的三国人物进行穷尽式的描写，重点对别人没有谈到的点进行补充。课前完成如下准备。

《三国演义》中人物的性格特点

我想谈谈_____这个人物。

我认为这个人物的性格有如下几个特点（至少三个）：

1. _____（用形容词、成语或一句简单的话来总结）

依据：（简单摘录原文中的相关情节/环境，或简单概括主要内容）
_____
_____
_____

2. _____（用形容词、成语或一句简单的话来总结）

依据：（简单摘录原文中的相关情节/环境，或简单概括主要内容）
_____
_____
_____

3. _____（用形容词、成语或一句简单的话来总结）

依据：（简单摘录原文中的相关情节/环境，或简单概括主要内容）
_____
_____
_____

4. _____（用形容词、成语或一句简单的话来总结）

依据：（简单摘录原文中的相关情节/环境，或简单概括主要内容）
_____
_____
_____

5. _____（用形容词、成语或一句简单的话来总结）

依据：（简单摘录原文中的相关情节/环境，或简单概括主要内容）
_____
_____
_____

我要补充：（可以谈谈其他人物，总结其性格特点并做到有理有据）

课后作业是以课前准备和课上交流为基础，完成研读报告——三国人物评传。

第四阶段：晦——有取有舍，构建印象

在这一阶段，我与学生探讨"情节和环境当中的人物"。用一节课的时间完成。

作业：选择《三国演义》当中你最喜欢的一个故事进行改写，重点突出刻画你最喜欢的那个人物，要让他的特点令人印象深刻。对其他人物，可以适当把握。

A. 你准备保留这个故事当中的几个人物？

B. 这些人物当中，你准备把谁作为主要人物来写？其他人物怎样安排？

C. 对于每个人物，你打算描写到哪种程度？

D. 对于主要人物，你准备重点描写哪些细节？

我的故事：

（广州市天河区天府路小学　张睿）

附：《草船借箭》教学实录

第1课时

师：同学们，今天我们来学习第19课——《草船借箭》（板书课题）。首先，请同学们自读课文，并把不会读的生字圈画出来。同样的常规，遇到不会的字，拿出我们的字典，及时查并标音。

（3分钟后）

师：谁来为我们说一说，有哪些难读或易读错的词吗？

生1：我在第1自然段找到了"妒忌"，这个很容易颠倒读成"嫉妒"。（"嫉"字读错）

师：（板书两个词）同学们，刚刚他读的是这两个词。谁来为我们查一查字典，它们分别读什么？

生2：我查到了。

师：请你上来标音，特别注意声调（生2标音，正确）。

师：很好，同学们，一个是"妒忌"（dù jì），一个是"嫉妒"（jí dù），意思虽然几乎一样，声调却不同。补充上去。还有这样一不小心就容易读错的词吗？

生3：我在第2自然段找到了，诸葛亮说"三天造不好，甘受惩罚"，这个"惩"字读二声，平时我们经常读错成三声。

师：真棒，我们读错的那个音就不重复了，免得加强错误记忆。但他给我们提了一个醒，那就是，我们平时经常会凭习惯或凭感觉读字音，甚至有的大人也这样做，这是不对的。字典、课本才是我们最好的老师。还有吗？

生4：我找到了"都督"，这两个字都不难，但放到一起，读到的时候总觉得好奇怪，这一停，也就容易读错。

师：确实刚开始会有这样的感觉，为什么呢？

生1：我觉得是因为这个词现在都不用了，但如果你读过《三国演义》的话，就不会觉得难读。

师：是的。生1指的是《三国演义》的原著，它是写于明朝的小说了，写的又是东汉末年到魏晋南北朝之间的三国时期的故事，所以用的词，和我们现在的白话文不一样。类似这样的，用来描述那个时期古人的生活的，还有吗？

生5：我找到了"军令状"。

生6：我找到了"军匠"。

生2：我找到了"胶漆""翎毛"。

生7：我找到的是曹操这边的，"丞相""水寨""旱寨""弓弩手"。

生8：我找到了"幔子""擂鼓"。

师：非常棒，这里面大部分词，课本上是有标音的。请同学们读准。老师再提醒一个，"擂鼓"的"擂"，读二声，请大家标出来。这又是一个凭习惯、凭感觉容易读错的字，所以我们一次读准它。好，同学们，半分钟的时间整理，然后，我们要开始朗读了。

（半分钟后）

师：这篇课文，一个人读还真不行。我首先找一位同学来帮我一下（生7举手）。来，生7举手了，就请你来。这样，我们两个分工，我读引号里，你读引号外。

生7："周瑜看到诸葛亮很有才干，心里很妒忌"。

师：继续，引号外都归你负责。

生7："有一天，周瑜请诸葛亮商议军事，说"。

师：（模仿周瑜的语气）"我们就要跟曹军交战。水上交战，用什么兵器最好？"

生7："诸葛亮说"

师：别动，引号里是我的。

师：（模仿诸葛亮的语气）"用弓箭最好"。

生7："周瑜说"。

师：（模仿周瑜的语气）"对，先生跟我想的一样。现在军中缺箭，想请先生负责赶造十万支。这是公事，希望先生不要推却。"

生7："诸葛亮说"。

师：（模仿诸葛亮的语气）"都督委托，当然照办。不知道这十万支箭什么时候用？"好，生7，我们先停一下吧，听一听大家的建议。

生9：（笑）老师，您这样太不公平了吧，您自己都占了……

师：这样觉得的同学举手。

（众举手，包括生7）

师：好吧，那为了公平起见，我们请生7自己来选一个最喜欢的角色，可以吗？

生9：（嘀咕）这还差不多……

生7：好吧，我本来最喜欢曹操，但是这篇课文里曹操就说了一句话……那我只好选诸葛亮吧。

师：好的，那曹操交给我，这回公平了。那我有一个要求，这回你变成诸葛亮了，就要体会诸葛亮的语气来读了，可以吗？

生7：可以。

师：好，诸葛亮曹操都有人了，周瑜呢？（生举手）好，生10。我们本文还有一个角色是谁？

众：鲁肃。

师：对，鲁肃谁来？（生举手），好，生11。旁白也我来。各位同学一分钟的时间准备，体会人物的语气。

（一分钟后开始朗读，过程略）

师：我想请同学们来点评一下我们的朗读。

生3：我想评一评生10的周瑜。我觉得，他读得非常有感觉，特别是最后一句，"诸葛亮神机妙算，我真比不上他！"，他加上了语气，还加上了动作，那种想害人没害成而且还必须得服的感觉，特别棒！

生12：我想评一评生11。我觉得他好适合鲁肃这个角色，因为他的性格也是这样的，很老实。

生13：我想评的是诸葛亮。生7，我觉得，你已经很努力了，但你读的诸葛亮，还是太像曹操了……

师：为什么这么说？

生13：因为诸葛亮的性格不是这样张扬的，我们读了原著都知道，诸葛亮是很沉稳的一个人，其实他早已看透了一切，但嘴上经常是不说的。

师：而曹操呢？

生13：曹操的个性很骄傲，他知道了就要说，有时明知道自己错了，嘴上还不承认。

师：所以你觉得生7的哪一句，语气要调整？

生13：比如说诸葛亮和鲁肃取箭这里，鲁肃问哪里去取，诸葛亮说："不用问，去了就知道。"

生7的语气太张扬了，诸葛亮这时应该是微微一笑，很平淡的语气才对。

师：那这样，看来生11本色出演的鲁肃是被大家认可的，我们有请生11和生13来读这一自然段，生11鲁肃，生13诸葛亮，我读旁白。

（朗读过程略）

师：大家觉得这次怎么样？生7？

生7：我觉得，的确好了一些，这里应该这样读。但诸葛亮的性格也有很张扬的一面，比如他曾舌战群儒，一个人同一群人辩论，最后赢了。所以，我只能一半同意生13的看法。

师：是的，人都是复杂的，我们在后面的课会给大家足够的时间来交流，表扬生13和生7，揣摩人物的性格和内心，才能真正揣摩出人物的语气。这里，我们先继续聚焦于朗读。还有同学要评一评吗？

生9：我想评一评张老师的旁白。我本来觉得呢，旁白没啥意思，可刚才我突然发现，其实挺有意思的！比如张老师刚才读的这一句"第一天，不见诸葛亮有什么动静；第二天，仍然不见诸葛亮有什么动静；直到第三天四更时候，诸葛亮秘密地把鲁肃请到船里"，旁白也是可以读出语气的！

师：是的，谢谢生9，旁白不仅有语气，而且很重要，因为要靠你来交代故事的要素和情节的发展呢！也谢谢所有参与朗读的同学，下面，我们小组内，分出角色：诸葛亮、周瑜、鲁肃，各一位同学；旁白和曹操，可以两位同学，也可以一位同学。开始。

（过程略）

师：好，分好角色的小组，可以开始朗读了。

（过程略，师巡场并相机指导）

师：大家读得都很投入，真棒！这样的，课后大家可以接着读，角色可以轮换一下。现在，请大家拿出我们的"人物形象分析小工具"。（生拿出）我们看到，上面是四部分：人物外观、人物性格、人物行为、人物环境，并不一定都要填写。每个部分下面还有几行，是"文中依据"。能从文中找到依据的，就要填写，而且注意，有的依据不只一处。从诸葛亮、周瑜、鲁肃这三个人物当中，只选择一个你自己最喜欢的，来填写完成。

（过程略，师巡场并相机指导）

师：看到绝大部分同学完成得都不错，组内交流一下。

（过程略，师巡场并相机指导）

师：交流后，同学们有什么体会？

生14：我就以我自己的体会来说吧。我和生8选择的都是诸葛亮，我们俩写的好像都差不多……

生13：我也选择了诸葛亮。我觉得，诸葛亮的神机妙算，应该还有更多。《三国演义》里说，后来鲁肃问诸葛亮为什么知道这一天会下雾，诸葛亮告诉鲁肃，是自己观天象知道的。

生15：对，我也读了。课文其实没有写完，后面还有连环计和火烧战船。

师：好，那么下一次课，我们给大家充分的时间交流。课后，请同学们继续完善你的"人物形象分析小工具"，并阅读《三国演义》原著中的第四十六回，完成"我会学语文《草船借箭》"，有余力的同学，可以阅读更多。下一次课，我们来交流。

第2课时

师：（板书课题，出示PPT）上一次课，我们扫清了字音，分角色朗读了课文，并完成了人物形象分析小工具。今天，我们在此基础上，继续交流。同学们，《草船借箭》选自古典名著《三国演义》，是其中最为经典的故事之一，以文学、戏曲、绘画、手工艺品等形式为世世代代的中国人传颂。那么，《草船借箭》和《三国演义》又给你留下了怎样的印象呢？请你谈一谈，可总体说，也可选择其中的人物、情节或环境来说。

生2：我想来谈一谈诸葛亮。我觉得，诸葛亮非常令人佩服，他明知道周瑜是故意刁难他，仍然接受了任务并完成了任务。

生8：我想谈一谈鲁肃。诸葛亮最终能完成草船借箭的任务，离不开鲁肃的帮助。是鲁肃借给了诸葛亮二十支小船，还有上面的士兵。

生16：对，我要补充。不仅如此，鲁肃还帮了诸葛亮一个忙。大家看课文第4~5自然段，诸葛亮跟鲁肃借船后，跟鲁肃说，千万不能让周瑜知道。鲁肃答应后，虽然不知道借船有什么用，但果然遵守诺言没有跟周瑜说。假如说了，那周瑜会立刻明白诸葛亮的计划的。

师：所以，你觉得鲁肃是一个怎样的人？

生16：鲁肃虽然没有诸葛亮聪明，但他是一个说到做到遵守诺言的好人。

师：很好。有人要谈一谈周瑜吗？

生17：我来谈周瑜。我觉得，周瑜的妒忌心很重，而且很狡猾。大家看第2自然段，请大家关注周瑜的语言："这是公事，希望先生不要推却""军情紧急，可不能开玩笑"。他设下圈套，故意等诸葛亮来钻，还故意用话来逼诸葛亮立下军令状。其实就是因为，他觉得诸葛亮比自己高明。

师：文中人物同学们谈得都不错，有同学要谈一谈《草船借箭》这篇课文的情节吗？

生13：我来谈。这篇课文选自《三国演义》第四十六回（拿出《三国演义》）"用奇谋孔明借箭　献密计黄盖受刑"，讲的是周瑜因为妒忌诸葛亮而故意让诸葛亮十天内造十万支箭，而诸葛亮却算定三天后江上必有大雾，巧妙地用草船向曹操"借"箭的故事。故事其实还没有讲完，原著中，后面诸葛亮和周瑜又一起商量如何破曹操，两个人都想到了火攻的方法，而东吴的老将军黄盖也想到了。

师：很棒！关注生13同学的发言，他读了原著，为我们课文的文本进行了补充。希望更多同学也能够这样。在此之前，他先帮我们概括了一下课文的主要内容。应该说，基本清楚了。要说差，那就是"借"箭的过程，还可以再完善一些。谁来补充？

生12：我来补充借箭的过程。诸葛亮先是找鲁肃借了小船和士兵，然后等到第三天四更的时候，才秘密把鲁肃请到船里，让人把船连起来往北岸开。这时候，江上大雾漫天，诸葛亮下令把船头朝西，船尾朝东，一字儿摆开，又叫船上的军士擂鼓呐喊，曹操听到鼓声和呐喊声，就叫弓弩手朝他们射箭。诸葛亮又下令把船掉过来，船头朝东，船尾朝西，仍旧擂鼓呐喊。天渐渐亮了，雾还没有散，这时候，船两边的草把子上都插满了箭。诸葛亮吩咐军士齐声高喊"谢谢曹丞相的箭！"，接着叫二十条船驶回南岸。

师：基本清楚了，但还有一个关键忘了提，为什么叫"草船借箭"呢？"草"是指什么？

生18：我知道，请大家关注第4自然段："船用青布幔子遮起来，还要一千多个草把子，排在船的两边"。

师：很好，这很关键，为什么？

生18：因为曹操射来的箭要插在上面。

师：是的，所以我们说，时间、地点、人物、起因、经过、结果，概括主要内容的六要素中，无论哪一个要素，大家都要关注里面的关键信息。无论怎么省，关键信息都是不能省的。好，再请一位同学来概括。

生7：周瑜妒忌诸葛亮，所以请诸葛亮十天内造十万支箭，但诸葛亮说只要三天并立下军令状。接着，诸葛亮找鲁肃借来三十支用青布幔子遮起来，两边排着草把子，还有二十名士兵的船。在第三天四更，诸葛亮秘密叫上鲁肃，叫人把船连起来往北岸开。这时候江上下了大雾，诸葛亮叫人把船横过来摆开，并擂鼓呐喊。曹操听到了，就叫弓弩手放箭，箭都射到了草把子上。诸葛亮叫士兵把船掉头，仍旧擂鼓呐喊。天亮了，雾还没有散，草把子上却插满了箭，诸葛亮叫士兵开船驶回南岸去了。

师：很好，大家注意到了吗？生7同学的概括，又简练了一些，因为他只保留了关键信息。另外，他一直是从诸葛亮的角度去叙述整个计划如何实施的，这样，主题就不会散。有人来谈一谈环境描写吗？

生16：我在《三国演义》的原文中找到了《大雾垂江赋》。太长了，也不好懂，我就摘抄了其中的两句："讶长空之一色，忽大雾之四屯。……然后上接高天，下垂厚地；渺乎苍茫，浩乎无际"。我查了一下，大概意思就是，当时的雾太大了，笼盖了四方，天地都是一种颜色，好像没有边际一样。

师：为生16鼓掌！你看，读了原著，我们才知道，原来有这么精彩的描写！好的，同学们谈得都不错，下面，老师请大家思考一个问题："草船借箭"这条计谋，为什么能够取得成功呢？3分钟，小组讨论，然后我们来交流。

（小组谈论略）

师：哪一组愿意发言？（生举手）好的，那我们请到乐学小组来发言。

生13：大家好，我们是乐学小组。我们要发言的主题是："草船借箭"这条计谋，为什么能够取得成功？下面由我首先来总述。我们小组认为：成功的原因有三个，分别是诸葛亮自己的智慧、鲁肃的帮助还有天气的影响。下面有请生9发言。

生9：大家好，我要谈一谈诸葛亮的智慧。我们都知道，这个计划是诸葛亮自己想出来的，一切都在他的掌握中。下面有请生19发言。

生19：我要谈的是鲁肃的帮助。其实前面生8已经提到了，鲁肃不仅帮诸葛亮搞来了草船借箭的工具，而且还帮诸葛亮保守秘密。所以，没有鲁肃的帮助，诸葛亮是不可能借箭成功的。下面有请生11发言。

生11：我要谈的是天气的影响。其实，如果没有雾，一切都不可能实现。所以，我觉得，这是最重要的条件。

生13：我们小组发言完毕，谁与我们交流？

生7：感谢乐学小组的发言，我与你们交流。我觉得，你们漏了一个原因：曹操的"帮助"。这个帮助是加引号的，因为曹操一时的疏忽，才让诸葛亮的计划实现。如果曹操选择出水寨迎战，那诸葛亮和鲁肃这点船这点士兵，早就束手就擒了。

生9：生7，我不同意你的看法。诸葛亮是早就知道曹操不敢迎战的。

师：哪里可以看出？

生9：请大家关注第7自然段的最后，诸葛亮笑着说："雾这样大，曹操一定不敢派兵出来。我们只管饮酒取乐，天亮了就回去。"

师：而曹操是怎么反应的呢？

生9：请大家关注第8自然段，曹操听到鼓声和呐喊声，就下令说："江上雾很大，敌人忽然来攻，我们看不清虚实，不要轻易出动。只叫弓弩手朝他们射箭，不让他们近前。"然后他就真的让人放箭了。所以，不能说是他的疏忽，是他本来就会这样做。

师：所以，诸葛亮是怎么知道的呢？

生13：我来为生9补充。诸葛亮凭借的是对曹操的了解，曹操的性格非常多疑，而诸葛亮抓住了曹操的弱点。曹操的水军本来是蔡瑁和张允负责的，后来周瑜利用计谋，假装说蔡瑁和张允要谋反，曹操一怀疑就杀了他们。周瑜利用的是曹操的弱点，这里诸葛亮也是。

师：很好，生13再次为我们补充了原著中的前因后果，这个故事是草船借箭的前一回提到的，同学们也可以再去读一读。生7，现在你同意了吗？

生7：我想我部分地同意吧。在这个故事里，曹操是这样的。

师：那欢迎你稍后再来为同学们分享，在其他故事里的曹操是怎样的，好吗？

生7：好。

师：继续交流。还有其他同学有质疑或补充吗？都可以。

生12：我有补充。我觉得，诸葛亮不仅知道曹操会怎么想，他还知道周瑜和鲁肃会怎么想。结果也证明，他们的想法果然和诸葛亮猜的一样。

生19：谢谢你的补充，我同意。

生20：请大家关注第2自然段，周瑜说："水上交战，用什么兵器最好？"我觉得，这也是一个条件。如果不是水战，那么一切都不存在了。

生13：谢谢你的补充，我们小组会吸纳你的意见。（等一等）我们小组发言完毕，谢谢大家！

师：谢谢乐学小组和交流的同学们，你看，大家这么一交流，草船借箭成功的原因，就清楚了。我们可以概括为（同时板书）：知天时、晓地利、通人和。那么，也请同学们把笔记写在书的空白处。光抄这九个字还不够，"知天时""晓地利""通人和"，各自加上冒号，在冒号后面写上你的理解。

（生做笔记，师巡视）

师：很好，同学们，接下来，我们要继续谈同学们最喜欢谈的人物了。这次，老师有个要求：请同学们同时谈草船借箭中的两个人物：可以谈他们的共同点，可以谈他们的不同点，也可以谈他们之间发生的一连串故事。可以谈文内，可以谈文外。三分钟时间准备，然后我们依然是小组形式发言。看看这次的机会，哪个小组可以把握住？

（生小组准备，师巡视）

师：好，我收到了三个小组的预约，真棒！那我们以时间为序，给到最先报名的天才小组。

生8：大家好，我们是天才小组。我们小组要谈谈诸葛亮和鲁肃。诸葛亮和鲁肃是好朋友，但他们的性格非常不一样。鲁肃忠厚老实，诸葛亮虽然善良，但比鲁肃有智慧多了。下面有请生14发言。

生14：我找到的是课文第7自然段。诸葛亮下令把船头朝西，船尾朝东，一字摆开，又叫船上的军士一边擂鼓，一边大声呐喊。鲁肃吃惊地说："如果曹兵出来，怎么办？"诸葛亮笑着说："雾这样大，曹操一定不敢派兵出来。我们只管饮酒取乐，天亮了就回去。"这里诸葛亮"笑着说"，非常淡定；而鲁肃却"吃惊地说"，已经慌了。下面有请生21发言。

生21：我要为生14补充。请大家看第4自然段。鲁肃见了诸葛亮，诸葛亮说："三天之内要造十万支箭，得请你帮帮我的忙。"鲁肃说："都是你自己找的，我怎么帮得了你的忙？"这里，也可以看出诸葛亮与鲁肃的不同。诸葛亮想请鲁肃帮什么忙都想好了，而鲁肃还完全不明白。下面有请生17发言。

生17：我要结合原著谈一谈。原著中，借完箭后，鲁肃对诸葛亮非常佩服，他的原话是"先生真神人也！"，接着他又向诸葛亮请教这天为什么会下雾，诸葛亮也教给了他。

师：真棒！再一次用原著为我们的课文进行了补充。

生8：我们小组的发言完毕，谁与我们交流？

生22：我与生21交流。其实，本来是周瑜让鲁肃去找诸葛亮的。请大家看第3自然段，周瑜说："是他自己说的，我可没逼他。我得吩咐军匠们……"

师：如果太长，可以直接概括为"周瑜叫鲁肃做什么"。

生22：周瑜叫鲁肃去探听探听，看他怎么打算。

师：是的，他是指诸葛亮。所以——

生22：所以是周瑜让鲁肃去找诸葛亮的，探听探听，看他怎么打算。

师：结果呢？

生22：结果鲁肃什么都没有探听到。

师：反而还让——

生22：反而还让诸葛亮叫他帮忙。

师：非常好。生21如何回应生22的补充呢？

生21：谢谢你的补充，这下更完整了。

生8：还有谁要与我们小组交流？

生13：我要与天才小组交流。你们说得很对，鲁肃的确没有诸葛亮那么聪明，但他救了诸葛亮很多次。除了这一次借给诸葛亮船和士兵，其实，在此之前，周瑜就要杀诸葛亮了，是鲁肃把周瑜劝住了，周瑜才想出了这个主意为难诸葛亮。还有很多次，都是这样的。所以我觉得，鲁肃是个非常仗义的朋友，而且鲁肃有鲁肃的智慧，他知道想打败曹操非诸葛亮不可。

生23：生13，我不同意你的看法。诸葛亮不是鲁肃救的，周瑜根本杀不了诸葛亮!

师:为什么?

生23:因为诸葛亮好厉害!

师:的确如此,但我们要有理有据才行,欢迎你继续为你的发言补充依据,可以从文中找,也可以回到原著中。下次发言,希望听到你侃侃而谈"诸葛亮好厉害在哪里",好吗?

生23:好!

生8:(看看表)谢谢你们的补充。我们小组的发言完毕。(全体鞠躬)

师:好的,天才小组谈得好精彩,时间观念也很强。补充和回应的同学们也是。看到很多同学一脸不情愿,那么,是不是我们没时间了呢?告诉大家一个好消息,下节课,接着谈三国人物!(生欢呼)还是一样,谈两个。下课!

第3课时

师:同学们,我们这堂课继续来聊《草船借箭》中的人物。上一次,天才小组为我们分享了诸葛亮和鲁肃,还有其他小组做好了准备,要来谈一谈其他人物吗?

(生举手)

师:一分钟的时间准备,然后请到最先准备好的小组来分享。

(一分钟后)

师:好的,王牌小组最先报名了。我们请他们来发言。

生18:大家好,我们是王牌小组。我们要谈的人物是诸葛亮和周瑜。下面有请生24发言。

生24:大家好,我要谈的是诸葛亮和周瑜的对比。我觉得,周瑜没有诸葛亮聪明,因此,他妒忌诸葛亮的智慧。《草船借箭》这篇课文讲的就是周瑜想害诸葛亮,但是没有害成。下面有请生6发言。

师:稍微打断一下,从文中哪里能看出来?

生24:(翻书)课文第一句,"周瑜看到诸葛亮挺有才干,心里很妒忌"。

师:是的,要记得谈文中或文外的依据,可以谈原文,也可以用自己的语言适当概括。继续。

生24:好的。下面有请生6发言。

生6:我要为生24补充。周瑜是很妒忌诸葛亮的,原著中提到了原因,是因为诸葛亮看穿了周瑜的计谋。

师:为大家简要介绍一下。

生6：好的。是这样的，曹操手下有两个很厉害的将军，一个叫蔡瑁，一个叫张允。他们帮助曹操训练水军。周瑜想杀死他们，于是就假装他们会背叛曹操，告诉了蒋干，蒋干又告诉了曹操，曹操就把他们杀死了。

师：蒋干又是谁呢？

生6：蒋干是周瑜的好朋友。

师：把故事完整地整理一下，等下继续交流。

生6：好的。下面有请生1发言。

生1：我也要谈一谈周瑜和诸葛亮。请大家关注课文中最后一句话。周瑜长叹一声，说："诸葛亮神机妙算，我真比不上他！"这让我联想起了周瑜说过的那句名言"既生瑜，何生亮！"。

师：为大家解释一下这句话的意思。

生1：意思就是，既然生了周瑜，为什么还要生诸葛亮呢？

师：为大家介绍一下这句话是周瑜什么时候说的？

生1：是周瑜临死时说的。他到死都在嫉妒诸葛亮。

师：所以我们为试着像课文那样，为它补充一下语气，你会怎样读？

生1：（想了想）周瑜长叹一声，说："老天爷呀！你既然生了周瑜，为什么还要生下诸葛亮呢？"

师：不错！如果能把故事补充上去，相信同学们会更理解你的发挥。（下面有生举手）看到了有的同学想交流，那等下欢迎踊跃举手。

生1：下面有请生18总结。

生18：我来总结，我们小组想谈的就是，周瑜的嫉妒心非常重，他把诸葛亮看作眼中钉。谁与我们交流？

生15：我想为生6补充。他提到的这个故事叫作群英会，是这样的：蒋干和周瑜是同学，但后来，蒋干在曹操这边，而周瑜在孙权那边。这一次，曹操想统一东吴，所以就派蒋干来周瑜这边打探。周瑜热情招待蒋干，但其实是将计就计。他假装喝醉酒，又假装和蔡瑁、张允写过信，蒋干以为是真的就把信偷走了。曹操看到信，就杀了蔡瑁、张允。

师：为生15点赞！请生6回应。

生6：谢谢你的补充。

师：从中可以看出周瑜的什么特点？

生6：可以看出周瑜很聪明。

师：和诸葛亮比呢？

生6：诸葛亮比周瑜更聪明，他一眼看穿了周瑜的计谋。

师：是的，所以周瑜妒忌诸葛亮。你看，大家一补充，故事更完整，人物更鲜明。

生8：还有谁要与我们小组交流？

生19：我与王牌小组交流。生1提到的"既生瑜，何生亮"，其实是三气周瑜中的最后一"气"。这一次，直接把周瑜气死了。

师：能为我们简单介绍一下三气周瑜的故事吗？

生19：可以。"三气周瑜"说的是《三国演义》小说中"第五十一回　曹仁大战东吴兵　孔明一气周公瑾""第五十五回　玄德智激孙夫人　孔明二气周公瑾"和"第五十六回　曹操大宴铜雀台　孔明三气周公瑾"的故事。这些故事都发生在草船借箭的后面，讲的都是周瑜使用计策，但诸葛亮却比他更聪明的事。

师：谁来详细讲一讲其中一回，或一个段落，都是可以的。

生13：我来讲一讲诸葛亮第二次气周瑜的故事。这一次，是孙权假装要把妹妹孙尚香许配给刘备，其实背后是周瑜的主意，要扣住刘备逼他归还荆州。结果，诸葛亮给了赵云三个锦囊妙计，让他保护刘备。最后刘备在赵云的保护下成功逃回来了，诸葛亮叫人高喊"周郎妙计安天下，赔了夫人又折兵"，周瑜被气得吐血了。

生8：谢谢生13的补充，我来做总结。周瑜很聪明，而诸葛亮更聪明。周瑜一直都是非常嫉妒诸葛亮，想害诸葛亮，却总是被诸葛亮看透。我们小组的发言完毕。

师：感谢王牌小组和交流的同学们。大家这么一交流，人物形象是不是又丰满了许多？还有哪个小组想要发言吗？（生举手）好，自由小组。

生7：大家好，我们是自由小组。我们今天谈的主题应该比较特别吧，我们要谈的两个人物是诸葛亮和曹操。我们的观点是：这两个人物，虽然是对手，其实有很多相似的地方。下面由我先来发言。我觉得，他们的第一个共同点是，都非常敢做别人不敢做的事。比如课文里的诸葛亮，明明知道草船借箭这个任务非常难完成，但他还是接受了挑战，并且凭借自己的智慧化险为夷。这让我联想到了《三国演义》刚开始时，董卓控制了汉献帝，乱杀大臣，大家都敢怒不敢言，只有曹操挺身而出，自告奋勇去刺杀董卓。虽然失败了，但曹操又积极投入到了反抗董卓的战斗当中，并被大家推举为盟主。下面有请生25发言。

生25：我同意生7的看法，诸葛亮和曹操其实是有相同的地方的。我要给大家讲的是曹操"望梅止渴"的故事。这个故事是说，曹操有一次带兵打仗，路上带的水不够，士兵们都走不动路了。这时候，曹操突发奇想，他告诉士兵们，前面不远处就有一片梅林，于是大家听了都很兴奋，终于走出了困境。从这个故事可以看出，曹操也是个很有智慧的人，和诸葛亮一样。下面有请生4发言。

生7：我为生25补充一下，"突发奇想"换为"急中生智"更好。

生25：谢谢生7，下面有请生4发言。

生4：我是临时加入自由小组的，因为他们的这个主题吸引了我。我觉得曹操和诸葛亮还有相似的地方，那就是他们都非常善于猜别人是怎么想的。比如，诸葛亮非常了解周瑜，周瑜想什么诸葛亮都知道；而曹操非常了解袁绍，在官渡之战中，曹操总是牵着袁绍的鼻子走，虽然袁绍比曹操强大得多，但曹操还是胜利了。下面有请生7总结。

生7：我们的发言完毕，谁与我们交流？

生26：我想与生25交流，我觉得，曹操和诸葛亮的智慧不一样。你讲的望梅止渴的故事，只能说曹操是急中生智；而我们课文里的诸葛亮，其实是神机妙算。

师：有人提出了质疑，同样敢为人先的自由小组要回应吗？

生7：这个问题我来回应。我们觉得，急中生智和神机妙算都是智慧的一种，只是形式不一样。再说，曹操对于天时地利人和的了解也是很厉害的，虽然没有诸葛亮那么厉害。比如，草船借箭后面会有连环计和火攻计，如果你比较熟悉原著，就知道曹操没有那么傻，他想到了冬天主要刮西北风，火攻一般是攻不到曹军的；而他的士兵主要是北方人，不连环的话，在船上都坐不稳，更别提打仗了。

生26：但他还是失败了啊！

生7：我们要讨论的不是成功还是失败，有句话叫"不以成败论英雄"，我们要讨论的是这两个人物的共同点。

师：我也部分赞成自由小组的意见，聚焦讨论人物是没错的，可以继续补充更多原著中的细节，支撑你们的观点。同样，提出质疑的同学也是如此，要以原著和你们对原著的理解为依据，否则我们就会陷入为辩论而辩论的怪圈里了。继续。

生18：我觉得呢，自由小组的观点是有一定道理的。我想从另一个方面来说。诸葛亮和曹操都很有才华，诸葛亮写过《出师表》，曹操写过《短歌行》，这两个都是很有名的。

师：你看，生18又帮我们开辟了一个新的角度来对比人物，是不是？有时候就是这样，当我们觉得山穷水尽的时候，往往就是要柳暗花明的时候。关键是，我们的问题要聚焦，但我们的思路也打开。很好。

生4：生18，非常感谢你的补充，为我们提供了新思路。但我要说，《三国演义》是小说，和历史上的真人真事不一样。真人真事的话，我们可以去看《三国志》。

师：确实，生4指出的点也很重要，我们都知道，《三国志》是史书，而《三国演义》是小说，所以通常说它是"七分史实，三分虚构"。那我们现在仍然聚焦于《三国演义》的讨论。

生7：时间关系，我来总结我们小组的观点：诸葛亮和曹操，有相同的地方，比如他们都敢为人先，他们都很有智慧，他们都很有才华。但是，他们也有不同的地方，比如他们的性格不一样。谢谢大家。

师：谢谢自由小组和发言的同学们，他们把更多人物的更多方面进行比较，是一次很好的尝试。当然，他们没有说完，比如诸葛亮和曹操的性格，有什么不同呢？再告诉大家一个好消息：我们下节课，还要谈三国人物！（生惊呼）但是，老师的要求又提高了：这次只谈一个人物了，但要谈出这个人物至少三个性格特点，并且，要以《三国演义》原著中的情节或环境来做依据支撑你的观点。回去之后，先完成新的"我爱学语文"并阅读原著做准备。

生：老师，是必须谈这四个人中的一个吗？还是可以谈其他人？

师：谈课文《草船借箭》中的四个人物，可以结合原著来谈，可以结合原著中其他故事来谈。下次，我们的发言形式变化一下：生4经我同意，申请临时加入了自由小组，结果效果还不错。下次我们延续这个做法，选择同一个人物的同学，以自愿为原则，自由结合成新的小组，并且迅速选出小组长，决定发言顺序。

第4课时

师：同学们，这篇课文学到第四课时了，还有话要讲的同学请举手。

（生纷纷举手）

师：表扬同学们的踊跃，不过老师觉得，没举手的同学，也没关系的，可以尝试发言，也许，别人谈过的人物，你恰恰有不同的观点或依据。那么，今天我们继续来谈谈你最喜欢的三国人物。这一次请你只谈一个人物，我们要结合原著谈出他的至少三个特点。聚焦别人谈的人物，但只谈别人没有谈过的点，看谁补充得最多、最全面。现在，两分钟的时间准备。

（五分钟后）

师：我已经收到了一个临时小组的报名，有请他们发言。

生13：大家好，我们是临时小组，我们给自己起了个名字叫作"孔明小组"。我们要谈的人物是诸葛亮。

师：好，那我们就听一听，孔明小组的诸葛亮，和之前我们几个小组谈的诸葛亮有什么不同。

生13：下面有请生3先发言。

生3：我还要说诸葛亮的神机妙算。草船借箭之后，周瑜很佩服诸葛亮，于是向诸葛亮请教打败曹操的方法。他们把方法各自写在手掌上，结果都写了一个"火"字。但是，要火烧曹操的水寨，必须要有东风才行。

结果，是诸葛亮借来了东风，打败了曹操。

生13：这是我们谈的诸葛亮的第一个特点：神机妙算。下面有请生27发言。

师：先不得不打断一下，要为孔明小组点赞！每讲到一个特点，就总结一下。可以由临时组长总结，更欢迎自己总结。继续。

生27：我也要谈诸葛亮，我要说的是诸葛亮谦虚的特点。诸葛亮在草船借箭之后，周瑜是很佩服诸葛亮的。我找到了原文。"少顷，孔明入寨见周瑜。瑜下帐迎之，称美曰：'先生神算，使人敬服。'孔明曰：'诡谲小计，何足为奇。'"（难读字音有读错或不确定，师指导）从中可以看出诸葛亮很谦虚。

师：我们解释一下，从哪里可以看出诸葛亮很谦虚？

生27：大概意思就是说，周瑜夸诸葛亮神机妙算，但诸葛亮回答说"何足为奇"。从中可以看出诸葛亮很谦虚。下面有请生5发言。

生5：我想谈的是，诸葛亮是个很忠诚的人。我们都知道，诸葛亮遇到了这么多的难题，都是因为他接受了刘备的邀请出山。而他从来都没有抱怨过，有句话叫作"鞠躬尽瘁，死而后已"，就是来形容诸葛亮的。下面有请生13总结。

生13：我要来总结。诸葛亮，字孔明，号卧龙，琅琊阳都人，三国时期蜀汉丞相，杰出的政治家、军事家、文学家、书法家、发明家。水镜先生司马徽曾对刘备说，"卧龙、凤雏得一可安天下"，"卧龙"指的就是诸葛亮。诸葛亮的一生，可分为躬耕陇亩、隆中对策、初出茅庐、赤壁斗智、定鼎荆益、先主托孤、北伐中原、病重而逝这些阶段，我们课文里的《草船借箭》，讲的就是赤壁斗智这个阶段的故事。诸葛亮虽然神机妙算，为人却十分谦虚谨慎，为了实现自己对刘备的承诺，忠诚地努力着。我们小组的发言完毕，谁与我们交流？

生18：我要为孔明小组补充。我也查到了诸葛亮的故事。其实，赤壁之战刚开始的时候，东吴有很多人都很害怕曹操，想过投降，甚至包括孙权本人。是诸葛亮说服了他们，孙刘联手，共同抵抗曹操的侵略。所以我觉得，诸葛亮还是一个勇敢的人。

师：有谁为我们补充这段赤壁之战前传的故事？

生7：我来补充。其实不只是周瑜，东吴有很多人都妒忌诸葛亮的才华和名气。当时诸葛亮跟着鲁肃刚刚来到东吴，于是这些人就想刁难诸葛亮，他们一个接着一个地跟诸葛亮辩论，想给诸葛亮一个下马威。但是，诸葛亮凭借自己的口才和智慧，把他们都说服了。这就是诸葛亮"舌战群儒"的故事。

生13：谢谢生18和生7的补充。还有谁要与我们交流？

生9：我要补充的是，诸葛亮是一个让人佩服的人。除了鲁肃和周瑜很佩服诸葛亮，孟获也很佩服诸葛亮。我补充一个七擒孟获的故事。孟获是一个南方的首长，他多次造反，被诸葛亮捉了六次又放了回来，第七次他终于心服口服不再造反了。所以我觉得，诸葛亮非常让人佩服。

师：意思是，很有人格魅力，是吧。

生9：对。

生13：谢谢你的补充，我们会吸收进我们的小研究。我们的发言结束，谢谢大家！

师：感谢孔明小组。我们看，一个神机妙算的诸葛亮，经同学们反复补充，原来具有这么多的特点。看来呀，我们一定要读原著。还有三个人物，谁来谈一谈？

生12：大家好，我们这个临时小组还没有名字，我们要谈的人物是曹操。下面有请生20发言。

生20：我认为曹操的特点是豪迈。曹操写过《短歌行》，会读的同学和我一起读："对酒当歌，人生几何？譬如朝露，去日无多。慨当以慷，忧思难忘。何以解忧？唯有杜康。"从中，我读出了曹操豪迈的气概。下面有请生28发言。

生28：大家好，我觉得曹操是一个矛盾的人。原先他也想过去杀残暴的董卓，但是后来，曹操自己也成了董卓这样的人。下面有请生7发言。

生7：我要先为生28补充，曹操不是变成了董卓这样的人，而是曹操的性格本来就是这样的矛盾。曹操有过一句名言，"宁可我负天下人，不可天下人负我"。然后我要补充，曹操是一个坚强的人。赤壁之战以曹操的惨败告终，八十三万大军只剩三百来人，但是曹操并不气馁，在路上还在大笑不止，最终还是关羽放了曹操一条生路，原因是曹操曾经对关羽非常好，关羽过五关斩六将离开曹操，曹操都没有阻拦关羽。后来，曹操吸取赤壁之战的教训，终于东山再起。我们小组的发言结束，谁与我们交流？

生18：我要补充《短歌行》。《短歌行》共有两首，都是曹操写的。我们读的是第一首，在《三国演义》第四十八回"宴长江曹操赋诗 锁战船北军用武"里面有，生20没有读完，现在我来补充完整。会读的同学和我一起读。（朗读全诗）其中最后四句"山不厌高，水不厌深。周公吐哺，天下归心"，表现了曹操要统一天下的雄心壮志。

生20：谢谢你的补充。

师：好，我们还差两个人物，鲁肃和周瑜。我们下节课，接着谈。

第5课时

师：我们接着上一节课的来谈，还有哪个临时小组要发言？

生18：大家好，我们要谈的人物是鲁肃。我们选择这个人物，是因为选择诸葛亮和周瑜的人太多了，所以，我们想有自己的特色。但慢慢发现，这个人物其实也很有意思。下面有请生29来发言。

生29：大家好。我觉得，鲁肃的特点是为人非常仗义。每次周瑜想害诸葛亮，基本都是鲁肃在背后帮助他。下面有请生11来发言。

生11：大家好。我觉得，鲁肃不仅非常仗义，而且非常勇敢。上节课有同学提到了，是鲁肃带诸葛亮来到东吴的。我要补充，当时刘备刚刚打了败仗，所以东吴的人才会非常看不起刘备，也就非常看不起诸葛亮。但鲁肃不会，他诚恳地邀请刘备和诸葛亮到东吴来，共同抵抗曹操。这是非常需要勇气的！下面有请生22发言。

生22：我的观点是：鲁肃非常懂得顾全大局。我的理由是，鲁肃不是为自己才邀请诸葛亮到东吴来，而是为了打败曹操这一共同目标。诸葛亮、周瑜、孙权、刘备都非常有个性，鲁肃甘愿受委屈，把他们团结在一起。所以，我觉得鲁肃非常了不起！

生18：我们小组的发言完毕。谁与我们交流？

生4：谢谢你们的发言，让我们重新认识了鲁肃。其实，鲁肃后来是接替周瑜做了都督的，所以，鲁肃也不是等闲之辈，也是很有智慧的。

师：最后一个周瑜，哪个小组来谈？

生30：大家好，我们是念奴娇小组。

师：可以为大家先解释一下你们组名的由来。

生30：我们找到了一首苏轼的词，请会背的同学先跟我们一起背《念奴娇·赤壁怀古》："大江东去，浪淘尽，千古风流人物。故垒西边，人道是，三国周郎赤壁。乱石穿空，惊涛拍岸，卷起千堆雪。江山如画，一时多少豪杰。遥想公瑾当年，小乔初嫁了，雄姿英发。羽扇纶巾，谈笑间，樯橹灰飞烟灭。故国神游，多情应笑我，早生华发。人生如梦，一樽还酹江月。"我们觉得，这首词就是周瑜形象的最好写照。下面有请生9来发言。

生9：大家好，其实这首词是我建议组长找的，我要说，周瑜其实也是非常有智慧的，像词里写的，"谈笑间，樯橹灰飞烟灭"。赤壁之战中后来打败曹操的计划，其实都是周瑜带领东吴将领来做的，而且，周瑜也很有自己的想法。战争刚开始的时候大家都很关心周瑜的看法，但周瑜并没有全告诉他们，只是对鲁肃和黄盖说了自己的真实想法。从中也可以看出，周瑜非常有智慧。下面有请生31发言。

生31：我觉得周瑜也是非常勇敢的，因为他敢于承担责任，带领大家抵抗曹操。

生30：我们小组发言完毕。谁与我们交流？

生4：我与你们交流。我找到了杜牧的《赤壁》，会背的同学和我一起背："折戟沉沙铁未销，自将磨洗认前朝。东风不与周郎便，铜雀春深锁二乔。"其实呢，周瑜要抗击曹操，也是为了自己，这和他的身份是分不开的：周瑜和孙权的哥哥孙策，一个娶了大乔为妻，一个娶了小乔为妻。他们怕自己的妻子被曹操抢走。

生9：即使如此，仍然能看出周瑜很有智慧、很勇敢啊。又不矛盾。

生7：我要为生4和生9补充。把战争和二乔联系到一起，只是诸葛亮的计策，不是曹操真的要这样做。诸葛亮是使用了激将法逼周瑜一起抵抗曹操。

生32：我要与念奴娇小组交流。我觉得，课文中的周瑜，和你们说的周瑜，是一个硬币的两面。因为我们每个人都可能这样，有时会嫉妒别人，但有时也会与别人合作。

师：是的，我们每个人都是矛盾体，但要懂得积极调整自己的心态。我们继续聚焦周瑜这个人物的讨论。

生33：我还是觉得，周瑜嫉妒心是很重的。每次周瑜被诸葛亮气到，他的伤口都会裂开，最终也是这样死的。

师：我们的交流好像又陷在一个循环里了，看谁能打破思维瓶颈，跳出来！

生13：我想总结同学们的发言，其实这样说，几乎每个人物的性格都是矛盾的，主要是我们从哪个方面去看他们。

师：很好，生13好像另辟了一条蹊径。继续。

生18：我们学《将相和》这课时，老师曾经让我们讨论：你最喜欢哪个人物？他最鲜明的特点是什么？所以我觉得，《草船借箭》里的人物也是，可能有一个最鲜明的特点，除此以外还有其他特点。

师：很好，这些特点是谁写出来的？

生：作者。

师：很好。所以，我们除了要站在读者的角度看这篇文章，还要站在作者的角度看这篇文章。这是我们下堂课交流的内容，同学们能想到这里，非常棒！我们要感谢念奴娇小组带给了我们如此精彩的讨论（生鼓掌，念奴娇小组鞠躬致谢）！最后的时间，留给同学们整理自己的"我爱学语文"小研究。

（生整理，师巡视）

第6课时

师：根据同学们的讨论和研究，诸葛亮、周瑜、鲁肃、曹操这四个人物在原著中都称得上是主要人物。他们的性格特点，都非常鲜明，而且不止一个。这节课，我们一起回到课文，思考一个问题：本文的作者是如何处理这些人物的呢？为什么？提议：可以重点关注其中的一到两个人物，把他在课文中的描写和原著中的描写做对比。下面，小组内开始合作学习，五分钟的时间准备，开始。

（五分钟后）

师：我已经收到了钻石 VIP 小组的发言，那么，首先有请他们。

生 24：大家好，我们是钻石 VIP 小组。下面有请生 33 发言。

生 33：我对比了原著和课文。我发现，原著的题目是"用奇谋孔明借箭 献密计黄盖受刑"，课文只是选了前一部分，后面还有黄盖苦肉计的故事，课文并没有提到。下面有请生 23 发言。

生 23：大家好，我来为生 33 补充。其实课文不光删掉了黄盖苦肉计的故事，连诸葛亮和周瑜商量用火烧曹操的事也删掉了。下面有请生 34 发言。

生 34：我要说的是，原著中有一首诗说的是草船借箭的事情，"一天浓雾满长江，远近难分水渺茫。骤雨飞蝗来战舰，孔明今日伏周郎"，这首诗也删掉了。下面请生 24 总结。

生 24：我们小组通过比较原著和课文发现，课文只保留了草船借箭这个故事，其余都删去了。我们发言完毕，谁与我们交流？

生 13：谢谢你们，钻石 VIP 小组。我要补充：原著这一回，在开头还提了一点蒋干盗书的故事，这部分也删掉了。我要谈我的理解：因为这个部分跟草船借箭的故事没有关系。

师：未必没有关系，但至少关系不大，对吧。很好，生 13 不仅谈了看到的现象，还谈了自己的理解，我们可以顺着这个方向继续思考。还有谁要谈谈自己的理解？

生 18：我要谈谈自己的理解。我觉得，删去这些和故事无关的部分，是为了把故事讲得更好。比如说吧，如果加上诸葛亮和周瑜一起讨论火烧曹操的事呢，就会感觉怪怪的。

师：哪里怪怪的呢？

生 18：因为课文开头说，周瑜很妒忌诸葛亮；课文中间也写，周瑜很妒忌诸葛亮。那么，到了最后，为什么他们又和好了呢？

师：钻石 VIP 小组怎么看？

生 24：谢谢你的补充，生 18。我们再考虑一下。

师：是的，我们要多考虑，作者为什么这样处理故事的情节。除了情节，对于人物的描写，原著和课文，有什么不同吗？

生7：我要交流。原著中说，诸葛亮草船借箭之后，曹操懊悔不已。而课文中只说"曹操上了当"，没有写曹操上当后的心情。

师：为什么会这样？

生7：因为在课文中，曹操不是主角，诸葛亮才是。

师：生7为我们提供了一个很重要的观点，那就是如何描写，和这个人物是不是主角有直接关系。那么，我们就带着这个观点，继续关注其他人物的描写，并且对比一下，课文和原著中有变化吗？钻石VIP小组有什么发现？

生24：老师，我们可以再研究一下吗？

师：当然可以，我想不仅是你们小组，大家都需要再研究一下。我们给钻石VIP小组以掌声，是他们的探究和交流，为我们带来了更加深入的问题。（生鼓掌）再给大家三分钟，我们聚焦课文中和原著中关于人物的描写，然后再次交流。

（三分钟后）

师：同学们有什么发现吗？自由发言。

生20：请同学们关注课文最后一个自然段。"鲁肃见了周瑜，告诉他借箭的经过。"这是课文中的描写。原著中不是这样的，原著中有一大段鲁肃和诸葛亮的对话。

师：那为什么会这样呢？

生20：我认为，是因为课文中已经写了借箭的经过了，不再需要重复了。

师：表扬你积极的发言。发言之后加上一句，"谁与我交流？"

生20：谁与我交流？

生4：生20，我与你交流。我觉得，是这样的，不仅仅是因为经过已经写过了，而且还因为鲁肃不是主角，他不能喧宾夺主。要把更多的描写留给诸葛亮才行。

师：生20，你同意吗？

生20：我同意。

师：那么你具体说一说，要把更多的描写留给诸葛亮，是为了写出他的什么特点？

生20：写出他的神机妙算。

师：是的。那么为了写出诸葛亮的神机妙算，除了正面描写诸葛亮，还有什么其他办法吗？

生33：可以用反衬的办法。

师：具体说一说，谁对诸葛亮的神机妙算起了反衬作用。

生16：我想起了，借箭的过程中，鲁肃吃惊地问诸葛亮船为什么要去北岸，诸葛亮笑着回答他说，去借箭。这个部分，原著和课文都是一样的，是用鲁肃的吃惊反衬诸葛亮的淡定。

师：很好。还有反衬吗？

生13：还有周瑜的妒忌心很重是用来反衬诸葛亮的神机妙算的，这两个人物的描写，原著和课文也都基本一样。

师：是的。但原著中借箭后周瑜当面向诸葛亮表示佩服的描写，课文中还有吗？

生13：没有了。

师：原著中除此以外还有很多人物，于禁、徐晃，甚至后面成为主角的黄盖……课文中为什么删去了？

生34：因为和描写主要人物没关系！

师：是的。所以同学们，这就叫作（板书）：笔下人物，取舍有因。小说三要素：人物、环境、情节。这三个要素当中，人物才是关键。而人物当中，当然主要人物是关键。但为了刻画出主要人物的主要特点，其他一切，都要为之服务。下面，老师要请同学们来改写一个你最喜欢的三国故事。请你在动笔前，思考如下问题：

1. 你准备保留这个故事当中的几个人物？

2. 这些人物当中，你准备把谁作为主要人物来写？其他人物怎样安排？

3. 对于每个人物，你打算描写到哪种程度？

4. 对于主要人物，你准备重点描写哪些细节？

想好了，再动笔。

（生思考，动笔，师巡视）

师：好的，同学们，没有写完没关系，作为课后作业。而且，这个写完了是有用的，我要请大家利用午读时间和我们每周日的在线交流时间，来进行分享和评价。那么，请同学们妥善完成。好，漫长的一课，终于结束了，但我们的学习，并没有结束。期待大家的分享和交流！下课！

（广州市天河区天府路小学　张睿）

第三部分 印象语文心语

"印象语文"致力于打造情、智、思共生的语文课堂。作为"印象语文"的首倡者与实践者，我常常以"印象语文"为核心，通过学校、名师工作室等平台与教师互动交流。这既加深了我对"印象语文"的研究，也促进了教师们的成长。

　　本篇收录的是我与各位教师对印象语文之路的心得、体会等感悟文章。

教师专业成长的三个关键词：
读书·尝试·反思

一路走来，我和伙伴们在相互的听评课、备课、分享读书心得过程中，感受携手前行的力量，感受"印象语文"的张力和魅力，倾听孩子们在课堂上生命成长的动听声音。

人生的际遇非常奇妙！"印象语文"是从课堂的开放出发。经历了许多的尝试之后，我们从"印象"视域界定概念，初步搭建操作框架，研究课程实施的策略。我们曾经在语文教师的个性化课程构建方面做了许多有益的探索，原以为会沿着这条路一直走下去，却恰逢工作调动来到了新的单位，遇到了新的伙伴，于是"印象语文"研究路上又有了许多的同行者，真的特别好！这些伙伴们从不同的起点出发走向"印象语文"，我坚信这一路上必定有不同的精彩，不同的困惑，不同的突破，所以也就有了《印象语文的行与思》的种种精彩。一直特别感恩自己能在研究之路上遇到这么多的知音和伙伴，同时得到很多专家的支持与指点。

我也会常常回顾自己的专业发展道路。有些年轻的学员经常会问我，怎样做，才能让自己的专业之路走得更坚实、更远？我在回顾的过程中常常会分享的是三个关键词：读书、尝试、反思。这是三个极其普通的词语，相信绝大多数老师都或多或少地做过或者坚持在做。所以，关键就是这个"坚持"，有一句话，我常常自勉和分享：把一件事做到底，你就是专家！我倒不是为了这个专家，但是却坚信，所有专业领域的突破一定离不开坚持。

关于读书。我建议大家给自己读的书分个类：首先是枕边书，我自己会习惯把一本最近用得比较多的工具书、一本放松心情的书放在枕边；其次是一些喜欢的期刊（尤其是核心期刊），了解教育发展的前沿方向；最后是杂书，个人以为越杂越好，我一直认为教师必须是杂家，对自己有兴趣的领域都可以试着去了解。

关于尝试。读书中，我们会有很多顿悟，也会有一些灵感。尤其是带着问题读书，更会有意想不到的收获。我是绝对的行动派，尤其是课堂，只要有想法，必定要试试，并且不喜欢一成不变，即使是规律性的理解，也会寻求小的突破和细节的优化。比如近两年，我们就在做"印象语文"课型研究、阅读课堂和习作课堂不同的操作策略，而最近的半年里，我们又以导思策略研究为主要内容展开尝试。

关于反思。我的建议是，及时写下来。很多老师怕写，能拖就拖，我也曾经这样，后来发现非常可惜，遗失了很多当时的感悟。写什么？首先是课堂的"得"与"失"，对应自己备课时的期望，客观记录与分析；其次是可以联系自己多节课例，整理出自己的一些操作策略和新的思考；再有就是感悟和随笔。教师的教育故事，其实是可读性最强的。如果我们能选准一个角度，持续记录下来，一定会有极强的借鉴价值。

在印象语文的研究实践中，当我一篇一篇去阅读学习和点评伙伴们的课堂案例时，我感觉到自己在印象语文的理论研究中不断地找到突破的切入点和深入的可能性。当我把一篇一篇案例点评发到工作室的QQ群上，那就是我最幸福的时刻，因为这不仅仅是我在大家的努力当中找到了"印象语文"研究之路上一朵朵小花，更是因为"印象语文"的磁场越来越大！

（广州市天河区天府路小学　欧阳琪）

印象·导思

"印象语文"一直努力建构情智共生，富有温度、活力、张力的课堂。我们尝试着在实践的过程中研究课堂上导读、导思的相关策略。本文将以胡慧敏老师执教的四年级课例《生命 生命》为例，简单谈谈印象语文的导思。

一、感受导思：开放初印象

开课，胡老师引导学生开启关于"生命"的初印象交流。

师：同学们，关于生命，你又有什么想说的吗？
生1：我曾经看过一个小鸡破壳而出的视频，我认为生命是宝贵的，也是脆弱的，我们要珍惜生命，保持对"生"的希望。（学生结合自己的生活经验谈对生命的理解）
生2：生命是多姿多彩的，不同的人生命有不一样的色彩，每个人都有自己独特的色彩，所以才形成了我们美丽多姿的世界。
生3：生命是有独特价值的，这让我联想到海伦·凯勒的身世和她的文章，虽然她身患残疾，但是她创造了属于她自己的价值，对于社会有很深远的影响。（结合具体例子，有理有据分享）

"生命"是一个既厚重又脆弱的话题，关乎我们每一个人，但似乎又很难说得明白，难以说得不苍白。胡老师以这样一个开放的问题，引导学生谈对"生命"的直接感受，孩子们在自由表达中暗含着自己的"生命观"。此处的交流是引发学生对生命话题的思考，是学生跟自己内心的对话，跟同学的对话，老师要做的是倾听与观察、鼓励。倾听学生对生命的理解，观察那些不发言的孩子，鼓励积极分享的学生，分享他们积极的生命观。

二、矛盾导思：理清中印象

第二环节中，胡老师引导学生理清脉络，用简单的几个词概括课文写了哪几件事。

生：（简单概括）飞蛾求生、瓜苗生长、静听心跳。

师：为什么这三个好像没有关系的事情要写在一篇文章里？大家有想法吗？我们先同桌交流一下，然后自由发言。（师引导学生思考文中三个故事的关系，读文时学会提出疑问）

生1：我觉得作者的人生经历跟这三件事是有相似关系的。

生2：三个故事的主人公都有非常强烈的求生欲望。

师：飞蛾求生是最基本的生存，当有了活下来的机会就要想着如何更好地生活，最后实现自己的价值。这三件事情貌似没有关系，但是却因为"生命"有了内在的相关，层层递进。

这三个事例从不同角度诠释作者对生命追求的理解，然而在过去的教学里，教师只注重引导学生理解和感悟每个事例中生命的价值和不懈追求，却忽略了作者杏林子为什么会对这些别人或许不以为意的事件这般关注，忽略了这三件事之间的内在联系。老师以"为什么这三个好像没有关系的事情要写在一篇文章里"提出貌似矛盾处，引发学生思考与关注，这就不仅仅是理清文脉，更引导学生在后续的分享中关注三个事例之间的联系。我们更期待的是，学生在今后的学习中也能如教师般在矛盾处提出问题，帮助自己深度思考。

三、补充导思：探究深印象

本节课教师设计的主问题是：同学们，有读者就在读这篇文章时被打动到流泪了。文中有没有一些地方也触动了你，令你感动或者顿悟？（先小组讨论，后班级分享）

生1：我看到了生命的不屈与顽强，请大家关注第3自然段。"冲破、不屈向上"这些词语让我感受到瓜苗对生长的渴望，即使最后只是短暂地生存了几天，但是一切都值得了。谁想与我交流？

生2：我也对这一段很有感触，我联想到读过的一篇文章《依米花的坚持》，依米花不惜用五年的时间为开一朵花而努力，只为了那一刻的灿烂。

生3：我认为生命是无价的。请同学们关注第5自然段，我从"短暂、有限、无限"这些词语中体会到生命是有限的，它还会遇到各种挫折和打击，但是只要有一颗坚持的心，就可以看到生命的永恒。这让我联想到了霍金，即使他遇到各种困难，即使医生判定他"所剩日子不多了"，但是，他依然不放弃生的希望，坚持着自己的思考研究，对人类社会做出了巨大的贡献。谁想与我交流？

生4：我很认同你的看法。我想补充，每个人都可以在有限的生命创造无限的价值。俗话说："人固有一死，或重于泰山，或轻于鸿毛。"
…………

很显然，这样触动心灵的开放问题，孩子们的交流是自由而深入的，他们在文字中谈理解、说联想，他们在对话中不断丰富着自己对生命的理解。但是，阅读的过程本就是通过获取文本中的信息，联系自身经验，对信息进行整合之后，依照表达需求进行输出的过程。从这个层面说，文本中所含的信息量会直接影响学生对文字做出的判断。本课中，作者杏林子是有着特殊经历的人，若学生对此并不了解，很难体会三个貌似普通的事例背后动人心魄的力量。所以，当交流渐渐深入，胡老师采用了补充策略，引发学生获取新信息之后的再思考。

师：知人论世，也许我们了解到杏林子的故事才能更好地理解到其文字背后所蕴含的深义，请同学们快速浏览一下杏林子的生平。能否结合杏林子的故事，谈谈你对这句话的理解"这就是我的生命，单单属于我的。我可以好好地使用它，也可以白白地糟蹋它"。

生1：每一个生命都是独一无二的，只要你珍惜它，生命也会给你带来精彩。杏林子虽然身患残疾，但是她没有白白糟蹋自己的生命，反而是与命运做斗争，最终才有了这么多的文字创作。

生2：杏林子的生平经历和这三个故事有很多相似的地方，即使身体极度不便，她从来没有放弃，反而是克服一个个困难，最终创作了四十多部作品，成为非常有影响力的作家。同时，她还会尽己所能去帮助其他有困难的人，实现自己的人生价值。
…………

四、连接导思：拓展后印象

课至此，学生已经经历"自我对生命的理解—三个事例的感悟—联系作者生平感悟'生命的意义'"，三个逐步推进的阶段。然而，关于生命意义的思考是一件长远的事，一节课，如何能引发学生课后的持续思考，这是需要斟酌的。

胡慧敏老师顺着学生对作家关于"生命意义"的感悟，引导学生连接自己，连接自己曾经的阅读，展开新的回归自我的思考。

师：那怎样才是好好使用我们的生命，或者有没有白白糟蹋生命的情况存在，能否结合课外的例子来说明一下？

生1：我们的生命只有一次，要好好去爱护珍惜。我联想到了司马迁，他忍辱负重，发愤写史，最终才有了"史家之绝唱，无韵之离骚"的《史记》。

……

最后，老师抛出"杏林子写这篇文章是想告诉自己什么？告诉世人什么？"这个问题，既是总结全文，回归主题，同时激发学生打开思维，发散思考，再次帮助学生连接课内外。

（广州市天河区天府路小学　欧阳琪）

众里寻他千百度　　缘起印象万里路

　　万千世界皆在印象之中，点滴生活都在印象之内。当我在提笔想要介绍"印象语文"时，我感觉不知从何说起，但它的印象又不断地在我脑海中出现。也许，这很难说清，亦难以道明，只有在不断的实践操作过程中，才能不断加深对它的理解。而我，亦是如此，不同阶段，对印象语文有不同的认知，不同的感悟。在不断尝试的过程中，印象语文带给我的印象也愈来愈深刻。

　　"印象语文"是欧阳琪校长根据自己20多年的语文教学实践探索，在实施、归纳、探讨、提升的过程中提炼出来的。它是一种教学方法论，以"印象"为视角，把学生的阅读、思考、分享、交流、总结的全过程以"阅读印象"的动态建构来理解，引导学生在阅读、对话中以"我的阅读印象"作为学习的主题线路，从而可以更为充分、清晰地强调学生的主动建构，使语言的内部加工过程更为具象。这一方法构建了语文教学的印象系统，引领学生进行印象化学习。

　　在阅读课堂中，教师是学生学习的先行者和引导者，也是学习活动的参与者和受益者，在课堂上努力构建"师生交往、积极互动、共同发展"的学习场，以"印象"的动态形成为主体思路，把语文学习的过程转化成学生多平台阅读、多样态印象、多维度成长的过程。在轻松、和谐、丰富的学习场中，教师和学生分享着彼此的思考、经验和知识，交流着彼此的情感、体验和观念，从而在阅读中赏评印象，在互动中生成阅读智慧，在生成中发展阅读素养。

一、我与"印象语文"的初识

（一）与书结缘

　　刚开始听到"印象语文"时，我莫名有些小激动，一来是因为诗情画意的名字，再者是欧阳校长课堂的效果、学生的反馈，我也早有耳闻。大师风范是如何"练就"的？于我这种年轻、缺乏经验的教师而言，是非常感兴趣的，甚至也会幻想着自己有一天也能在讲台上表现得游刃有余。接触一件新事物最快的办法就是读书，于是，我拜读了欧阳校长写的《印象语文》这本书。一边读，我一边联系着自己的教学实际，在想上哪一课的时候当时如果怎样处理会更好。读完以后，我觉得"印象语文"很有意思，也是可以慢慢在教学中实践的。于是，我开始琢磨改变着自己的教学方式，我想让学生真正站到课堂中央。

(二) 于课见识

看完书后，我似乎找到了一些感觉，但是我不知道自己总结出来的奥秘是否就是印象语文想要传达的理念和方法。如果没有真正观摩过这么一堂课，我想个中真理难以真正辨透。当得知欧阳校长要在我们学校五年级上《七律·长征》这一课时，我意识到学习的机会要来了，怎么可能放过呢？正式上课的时候，我坐在会议室第一排的位置，领略名师上课的风采，而这一次果真是让我大开眼界，深感自己还有很大的努力空间。在这节课上，欧阳校长通过"初印象"导入，"关于文章的文体、内容或者作者，你有什么想说的？"这一问题一抛出，孩子们打开思路，搜索自己对这篇文章的初步认知，根据课前预习搜集到的资料，反馈自己所了解到的一些知识，同学之间在交流的过程中相互补充，不断丰富自己原本的认知。话匣子一打开后，欧阳校长趁热打铁，让学生在音乐声中用自己喜欢的方式朗读课文，通过自由读、师生合作读、齐读等朗读的方式加深学生对文本的初印象。接下来的教学过程中，更是让我明白了什么才是真正把课堂还给学生：教师以大问题设计，提高学生的思维能力。学生以读代讲，主动深入思考，在交流学习中，多方联动，积极分享，补充碰撞，多元解读，学生真正在自主学习中、在同伴互助中提升学习能力和语文素养。同时，教师不是仅仅着眼于课内，而是通过课内很自然地引申到课外，拓展"后印象"，引导学生阅读和毛泽东、长征等相关的自己感兴趣的文章和书籍。整节课下来，老师是轻松的，孩子们是享受的，就连听课的老师也幻想着自己就是里面的一位学生。这好像是一节课，又好像不是一节课。学生学习到知识，提升了能力，但是他们没有太多的束缚，而老师没有传统课上主角的光环。此时此刻，闪亮的就是孩子们。一节好课就是老师的身影小了，学生的身姿高了。

还有一次，欧阳校长在四年级上《自然之道》这篇课文，以前我从任课老师得到的反馈是孩子们上课不太愿意举手发言，那种上课拖着他们走的感觉很不好受。但是在这节课上，我很惊讶地看到了一群不愿意下课的孩子，课堂上积极发言，观点不断碰撞，大家唇枪舌剑，我至今难以忘记那一堂课。刚开始，老师让学生畅所欲言，讲文中给自己留下深刻印象的地方，找出文中依据来体会，并说出自己的想法。紧接着，老师抛出问题：文中作者的做法是否恰当？这一问题激发了学生学习的兴趣，调动了他们的积极性和能动性。许多学生都有自己独特的观点。他们各自成立小组，在班上进行小型的辩论赛，一眨眼，时间就过去了，下课铃响了。神奇的一幕出现了，平时学生上课盼着下课的状态完全没有了，甚至还主动向老师申请想上多一节语文课。这真是我从教以来第一次看见学生不满足语文课的时间短暂，有还想继续上的想法。最后，该班班主任老师迅速调整，把下一节课调为语文课。事后，听课的老师才得知欧阳校长课前并未预设辩论环节，辩论源于一位孩子的发言，他站起来后忽然降低声调："我觉得他们的做法也可能是对的，因为任何一种动物都有自己的天敌。"听到这个观点，老师很欣喜孩子们可以从不同角度思考，这也正是她最期待的。人与自然应该怎样相处，这绝不是一个简单的是与非的问题，无论是从生物圈角度还是伦理层面，都是值得斟酌，且要以时间来判断的复杂问题。在过去的教与学当中，老师们是否过于片面地强调其中一面，而忽视了其中的复杂性。于是，老师顺势引导：还有哪些同学也持这个观点？几只小手举起来了。正是"一石激起千层浪"，孩子们因为观点的对立，兴奋劲出来了，这时候深入讨论的好机会来了。两种观点两个阵营临时组成。学生在三分钟的准备过程中，充分调动起自己平日的各种阅读积累。在合作交流中，锻炼自己的语言表达能力。这不正是学生所向往的课堂吗？以学定教，顺势而导，这不正是我们很多老师需要努力的地方吗？

（三）以教促长

印象语文，语文印象，我知道自己不能仅停留在印象，而是要实践，只有在实践中才能发现问题，突破问题，总结经验。听了两节课后，我迫不及待想要用这种方式上课，但我发现课堂上看着老师貌似云淡风轻，非常容易，但是一到自己操作起来，才发现并没有想象中这么简单。表面上的毫不费力其实源于教师对教材的深度理解，对知识点的准确把握，这背后要花费很多的时间去琢磨教材，去吃透理念。这种开放性的课堂也很考验教师自身的素养。刚开始，我有点怀疑自己到底能否在领悟后有效运用，自己到底学会了百分之多少？虽然我感觉只是学了点皮毛，但是我用学到的这点皮毛运用在我的课堂上，我很快就看见了孩子们的变化。一是学生在分享的时候会有意识做到有理有据，会倾听别人的观点后进行补充或反驳；二是学生将课内外的知识打通，由课内引申到课外，回答的内容更加丰富，也更有说服力。这种师生之间，生生之间的不断交流碰撞又正是学生所喜欢的。我最大的感触就是一节课下来我说的话少了，学生说的话多了。

此后，欧阳校长让我上《生命 生命》这一课，为区研讨课做准备。第一次试教的时候，我跑偏了，偏离轨道了。学生回答很积极，课堂气氛也很浓烈，发散性思维的交融碰撞让我自以为这就是"印象语文"，以课内促课外，以阅读促理解，然而在评课时，却被反馈教学没有主线，脱离了文本。虽然学生的回答非常多元化，但是没有聚焦到文本，所以学生的回答都是散的。如何做到延伸课外的同时有效聚焦文本，这是我接下来要努力攻破的难点。于是，我打算采用问题链的方式，抛出大问题，引导学生围绕着文中重点语句进行品读，深挖其中的内涵，并延伸拓展。

在第二次《生命 生命》试教时，在聚焦文本这一块，我有了很大的进步，学生通过"我认为＿＿＿＿＿＿。请关注＿＿＿＿＿＿＿，（读句子）（字、词、符）＿＿＿＿＿。我感受到＿＿＿＿，我还想到＿＿＿＿＿＿。"的句式，先品读文本中的内容后再发散思维，联系课外的阅读、视频、电影、生活实际等等，谈理解，说感受，通过师生、生生之间的分享、补充、追问以及不同见解的互动，建构了学生对生命的深刻印象及对生命的深刻思考。但是感觉学生的分享还只是浮于表面，对生命的理解还只是单单停留在"顽强、坚强"这一层面。我又开始思考原因，哪些地方可以完善呢？在反思中，我发现学生课外补充文本的阅读还不够到位，如何才能把课前给学生阅读的补充文本真正发挥作用呢？于是我调整了预习单的内容，让学生在边阅读的时候边用不同的符号分别标出生动的地方和让他感动的地方。不动笔墨不读书，有针对性地阅读，有阅读时生成的笔记，才能更好地让学生的阅读落到实处。而这一想法在第三次的试教中得到很好的验证，在联系课外时，课外阅读就很好地派上了用场。学生在分享文中瓜苗在环境恶劣的砖缝中奋力生长，只求绽放自己的光彩时，他联系到了课外补充文本的依米花，同样也是在沙漠如此艰难的环境中，拼命坚持生长，只为最后五六天的开花，绽放。

开放的课堂就是会有许多不同的结果，有意想不到的收获。所以三次的试教都出现了不同的问题，也正是因为这一次次问题的出现，我才会找到原因，努力改进，不断促进自身的发展，提升自己的教学能力。这一次，我真的得到了成长！

二、印象语文悄生根

（一）区研讨上获认可

在正式上区研讨课时，我首先让学生走进生命的初印象，由读课题开始，然后引起学生的思考关注，接着让学生谈谈他们对生命的初步感受，这可以结合到他们自己的实际生活。学生有话可谈。在接下来印象交流的环节，我把重点放在文章重点难懂语句的感悟，学生运用我们平时交流分享的支架，在生生交流的过程中已经是建构他们对生命的理解。在交流的过程也是一个思辨的过程，学生要在听别人分享的基础上，补充自己的观点。四年级的孩子在面对"飞蛾求生""瓜苗生长""静听心跳"这三个普通的事情时，他们很难明白作者为什么会有如此大的震撼。这个问题阻断了学生和文本进行深层次的交流，于是在理解其中一个故事时，我引入了杏林子的一个背景资料，触动学生，激发学生情感，才能更好地领悟这几个故事，理解这些重点词句。紧接着，我们再结合杏林子的故事理解"我可以好好使用它，也可以白白糟蹋它"。追问怎样才是"好好使用""白白糟蹋呢"？并且举一些课外的例子说明。最后，抛出"杏林子写这篇文章是想告诉自己什么？告诉世人什么？"这个问题既是总结全文，回归主题，同时激发学生发散思维思考，打通课内外知识。上完这节课后，我自己也被触动到了，我仿佛已经忘记这后面坐着一大群的老师，我的眼里只有孩子，我也沉醉在其中，和孩子们一起交流学习。学生的回答让我又一次由衷感受到：要相信孩子的能力，尊重他们的回答，倾听他们的想法，这会给你意想不到的收获。一位听课的老师这么评价："如何让四年级的学生感悟作者对生命的思考，懂得珍惜生命，尊重生命，善待生命，让有限的生命体现出无限的价值？一直让我耿耿于怀。今天，我有幸听了胡老师的《生命 生命》，真的被深深地感动了，也被深深地触动了！观摩这节课，几度让我哽咽，几次让我泪流满面！胡老师在教学中，所搭建的'情智课堂'框架，给我打开了一扇窗户，让我对印象课堂、师生角色、课程建构有了新的学习和启发。"

（二）印象语文再出发

经过区研讨课的磨炼，我发现自己成长得很快，对印象语文有更深刻的理解，能更熟悉地把握个中的一些技巧，但这并不是终点，而是起点。我要继续去实践探索，多观课，多磨课，多交流，多总结，把这种理念和方法更好地运用在我的课堂上，我期待着我与孩子的共同成长。

上完区研讨课后，我继续践行这种教学方法，不用很长时间，我已经明显看到孩子们的变化，课堂上的交流碰撞经常会给课堂带来意想不到的效果。学生在这种氛围下养成了认真倾听他人发言，然后针对别人的回答提出相同、相似或是相反的意见。原来课堂上习惯于做倾听者，不爱发言的同学也慢慢被调动起来，我们在一种和谐、积极、高效的学习场中学习，我们都喜欢这样学习，都享受这般学习。

三、坚定方向，砥砺前行

印象语文，我在路上；语文印象，美妙徜徉。孩子们的改变、我的成长、老师们的肯定，让我更加坚定走在这条"取经"之路。但我深知，这条路不是一路繁花美景、山清水秀，而是充满了困难和挑战，但是只有不断磨炼，一次次战胜自我，才能踞高点、品真谛，享受语文教学给我带来的乐趣，感受中华语言文字的无穷魅力。

（广州市天河区天府路小学　胡慧敏）

印象：源于文本细读与拓展阅读相结合

文本细读指的是立足于文本，对作品语言、结构和细节进行细腻、深入、真切的感知、阐释和分析，进行充分阅读，对文本所蕴含的丰富的内涵进行充分的挖掘。用叶圣陶先生的话来说，就是"字字未宜忽，句句悟其神"，就是走进文本的字里行间，倾听那细微的声响。但如果只是在一篇文章或者一本书的字里行间游走、探索，难免受到束缚或者桎梏。如果能把文本细读与拓展阅读相结合，以某一篇文章为支点，撬动起一整个书柜，进而走进一整片书海，这样的语文课就更广阔、更丰厚、更"好玩儿"，也更有"语文味"了。印象语文，就是这样。

对于小学生而言，他们的理解能力、阅读积累和生活阅历比较有限，大都只能对课文产生一个模糊的印象，有时就很难对文本产生更加全面、深入的理解，也很难感受到文学作品的艺术魅力，进而影响语文素养的提升。

因此，从四年级开始，我也有意识地开始引导学生在总体把握了文章的结构、内容、思路、情感之后，也尝试着关注文中一些关键语句，品味一些有特别用意的字词甚至标点。尤其是一些写人记事，蕴含深厚情感的文章，总能在字里行间品读出作者深沉的情感，一瞬间被触动到。对于这类文章，我通常在做一些铺垫和引导后，就给学生充分的时间在文中圈画批注，写写自己的感受和思考。然后在小组内或者全班分享，其他同学如果有补充、有联想或者有不同看法可以当即与发言的同学交流，通过不断的师生互动、生生互动，学生了解、联想、感受到的内容越来越丰富，受到的触动越来越深刻，对解读文本的兴趣也越来越浓厚。那些一开始被忽略掉的内容、情感，就通过细读的方式被挖掘出、被关注到，成为一个通道，让学生更多地领略到文本的精彩之处。

还记得在五年级上学期《慈母情深》的课堂上，一个学生的分享顿时打开了许多同学的思路，同学们从文章中许多地方的字里行间都感受到母亲对儿子那深深的爱。有些是从对母亲工作环境的描写上，有些是从对母亲的外貌描写中，有些是从母亲"掏衣兜""将钱塞在我手里"等细小的动作中，有些是从母亲的话语里，甚至从文章的对话节奏和标点符号中。同样的，学生也从一个又一个细微之处感受到"我"的心情变化。例如，从"我鼻子一酸""攥着钱"感受到那种交织着感动、心疼、后悔的复杂情感。从结尾的省略号中感受到这次的故事对作者产生了非常长久、深刻的触动，让他久久难以忘怀，始终铭记心间。虽然原文中没有直接表达，但透过这些字眼、这些表达，学生感受到了两个人物非常丰富、非常细腻的情感。掌声一次次在课堂上响起，感动也一次次地在学生心中升腾，眼中不由自主地闪烁着点点泪花，他们都想起了自己的母亲，想起了他们以前在书中读到的、电视上看到的其他母亲。我也把一些其他作者写的不同形式、不同内容的母爱分享给学生阅读，于是，他们又开始分享其他令人动容的母爱。有些是像春风一样温柔的，有些是像大海一样广博深沉的，有些是像大山一样沉默无言的，还有一些是带着牺牲、带着悲壮，催人泪下的，还有一些是爱继子、继女甚于亲生儿女的母爱……许许多多不同形式的母爱，每一种都那么地真挚、深厚。

　　上完那节课，那份温暖、那种深情还一直氤氲在课室，让人回味。也让我感受到在文本细读的同时，链接到课外阅读，进行文本之间的补充、对比，是一件多么有意思、多么有收获的事情。

（广州市天河区天府路小学　李婷）

问出精彩：欧阳琪校长教学印象

我在广州市天府路小学跟岗学习期间，有幸观摩了欧阳琪校长执教《秋天的雨》《圆明园的毁灭》两课的重点片段，以及《什么比猎豹的速度更快》一课，感触很深。为何欧阳校长一站上讲台，学生表达就那么热情、思维就那么活跃，常有意外的精彩呢？

我个人觉得，关键在于欧阳校长善于提问。透过提问，我们还可以见识到欧阳琪校长更为丰富的成功因素：理念、视野、学识、思维等。

问出理念

比如，在《什么比猎豹的速度更快》一课中，欧阳琪校长提出了"你以前有没有见过这样的课题？读了课题，你是什么感受？""读了这篇课文，你了解了什么？""你怎么把这些速度的信息记起来的？""你还发现这篇文章有什么有趣的地方？"等问题，我注意到几乎所有问题的主语都是"你"。这既是尊重学生已有经验，激发他们的表达欲望，还是"生本＋"设计理念的一种体现，把学生放在课堂的中央，一切教学活动的设计围绕学生而展开。这种提问的角度非常有利于激活学生的思维。

问出思维

在校长交流见面会中，欧阳琪校长就跟我们谈到语文思维的重要性。在教学中，我见识到了欧阳琪校长如何调动学生的思维。她提的问题很多都是开放式的，如"你的感受""你的了解""你的发现"，学生可以基于自己的经验或理解畅所欲言。他们在陈述自己的感想中交流、碰撞，互相启发，于是才生成出越来越精彩的表达。这种生成，给人留下的深刻印象就是教学真实、有效。

比如欧阳琪校长在教学《圆明园的毁灭》的重点片段中，以开放性问题"关于圆明园你有什么话要说？"引出话题。学生从阅读文本后的收获说起，结合文中的词句谈论圆明园的美和其毁灭是不可估量的损失。欧阳琪校长在学生的阅读经验之上，鼓励学生展开联想。于是，学生思维的闸门被打开了，并在对话中层层深入："如果没被毁灭，我就可以去旅游"—"直面毁灭的事实,历史已无法改变"—"为什么还要学历史"—"以史为鉴,我们能从圆明园的毁灭中吸取很多教训"(学生的表达很精彩,在辨析中形成正确的价值观)—"深入研究1840—1949年的那段中国历史"。在这样的课堂中,欧阳琪校长将学生已有的经验转化为教学的有效资源,使语文教学与历史、政治、经济、科技整合在了一起。并在表达、对话的过程中,让学生充分思想、判断、对比、辨析、归纳……朝着目标方向不断加深思考,把零散的感性印象通过思维加工整合提炼为富有逻辑性的深刻印象。

欧阳琪校长在课堂中收放自如,点拨不露痕迹,这不是偶然,更不是套路,而是因为欧阳琪校长自己有深厚的阅读功底,善于把握重点,看问题深刻,学识视野非常开阔。如此,方能居高临下、运筹帷幄、游刃有余。

问出印象

欧阳琪校长提的问题很多先聚焦在学生已有的生活经验、阅读经验、知识经验、情感经验上,再伺机用下一个问题将经验引向语文学习,从而达到教学目标。

例如,她在教《秋天的雨》重点片段时,提了这些问题:"你喜欢秋天的雨吗?""作者喜不喜欢?(生:喜欢)自读,找出表示喜欢的词句。"欧阳琪校长设计的这两个问题,从调动学生已有的情感经验切入到作者的情感,快速地帮助学生感受课文的情感基调。在美读中激活了情感,也激活了思维。因为随着情感的演绎,学生思维想象不断扩散,他们透过文字,对秋天的雨有了更丰富的画面感。

教学《什么比猎豹的速度更快》一课,欧阳琪校长在检查课前小研究时设计了一个小测试,让学生背写出文中事物的速度值。"你怎么把这些速度的信息记起来的?"这一问题让学生在分享记忆方法中反思了自己的做法,思维建立在经验之上,学生自主探索提取关键信息的方法,而不是靠老师的说教,问题的解决又是朝着落实本单元的语文学习要素。教学自然、高效、扎实。"你还发现这篇文章什么有趣的地方?""为什么作者写的说明文让我们感觉不枯燥,还很有趣?"这两个问题又是由学生的阅读经验,指向了学习表达方法的目标。如此等等,举不胜举。

问题有形,而理念无形;用有形的眼光看待无形之学识,势必存在局限。但短短十来天的跟岗学习,我实实在在地感受到欧阳琪校长精深的教学技艺。

(汕头市潮阳区贵屿北林小学 陈颖敏)

后　　记

"印象语文"的实践研究之路上，我们不断拓宽着行动研究的范围。从阅读到表达，从高年级到低年级，从一节课到整个单元，我们围绕着主题印象的动态建构展开了非常丰富的探索。就研讨课的展示而言，团队中的老师们也从开展自己的实践交流到区级研讨课，再到市、省、部级优课，大家在自我突破的同时，也获得了同行的认可，这也更坚定了大家不断深入研究的信心。

作为教育人，我们当然有"得天下英才而教育之"的美好愿望，但我们更有每一个孩子都能接受好教育的权利的意识。这份"好为人师"的情怀在我们团队里便演化成乐于分享的氛围。两年来，我们接待了各种层次的交流团队，也深切感受到来自不同地区的骨干教师团队对课程、对课堂的理解相差甚远。但最令人欣慰的是，工作室的伙伴们一直保持着"分享的必定是自己认为最好的"的交流准则，大家知无不言、言无不尽。而我，也一直努力分享着"教学相长"这一理解，希望大家把交流的过程也作为自我反思与提升的过程。"倾囊相授"并不会让我们"囊中羞涩"，而是会更好地激励我们不断突破，不断向前，这也是印象语文团队当有之自信的姿态！

我自己在两年中每个学期执教一个班级，从观察学生学习状态，到诊断学生语文素养存在的明显缺陷，再据此做出相应的改变计划。就这一举措而言，我的研究对象不仅仅是学生，还有老师。换一个班级就意味着我要换个徒弟。由此，我在"印象语文"的实践研究中，零距离地观察和指导这个班的老师，我也在尝试探索当今教育背景下一线城市中心区域青年教师专业发展的一般路径。而这一过程，也能从某个层面反哺印象语文实践策略的落地方式。

特别值得一提的是，我们在进行"印象语文"研究的同时，举全校之力构建跨学科年级主题课程。跨学科的项目式学习实践也同时拓展了印象语文的实施思路。两者之间有很多相似之处：从学生需求出发，带领学生们经历"激发—对话—生成"的学习过程，鼓励学生发表自己的研究成果，鼓励学生学习的不断拓展，等等。应该说，当《印象语文的思与行》遇到《跨界6课》，我们必将建设起更为生机勃勃的学校生态，老师和学生必将更积极地投入教与学的历程，学校也必将成为老师、学生、家长向往的美好学园！

本书得以出版，要特别致谢广州市欧阳琪名师工作室各位学员和天府路小学参与印象语文学习实践探索的各位伙伴们！感谢提供生动案例和观（读）

后感的老师们，如广州市天河区天府路小学的白杨、张睿、吕瑾、申瑶瑶、胡慧敏、邱细浪、柯永玲、江红梅、龚娇娇、王彬、李婷等老师，广州市天河区骏景小学的吴双法老师，广州市天河区体育东路小学的陈正清老师，汕头市潮阳区贵屿北林小学的陈颖敏老师。同时，感谢广东教育杂志社总编室副主任黄日暖为本书出版提供的协助与指导！

在我看来，最可贵的研究，是可以一直研究下去。人生最好的姿态，就是无论在哪里，我都会朝着目标坚定地走下去。未来的日子里，希望可以与您一起携手、行走、思考、突破，希望可以与您一起充实而快乐地坚守我们心中的教育幸福！

欧阳琪

2020 年 5 月